Erhard Köllner

Beratung in der sozialen Arbeit

Übungsbuch
zur Klientenzentrierten
Gesprächsführung

Verlag W. Kohlhammer
Stuttgart Berlin Köln

Die Deutsche Bibliothek – CIP-Einheitsaufnahme

Köllner, Erhard:
Beratung in der sozialen Arbeit : Übungsbuch zur
klientenzentrierten Gesprächsführung / Erhard Köllner. -
Stuttgart ; Berlin ; Köln : Kohlhammer, 1996
  ISBN 3-17-013811-1

*Dieses Buch ist all den Menschen gewidmet,
die aus persönlicher Erfahrung und Erleben wissen,
daß bedingungslose Annahme, menschliche Wärme,
Echtheit und Selbstkongruenz die Basis sind,
um Mitmenschlichkeit zu leben und zu erleben.*

Alle Rechte vorbehalten
© 1996 Verlag W. Kohlhammer GmbH
Stuttgart Berlin Köln
Verlagsort: Stuttgart
Satz: Erhard Köllner
Gesamtherstellung:
W. Kohlhammer Druckerei GmbH + Co. Stuttgart
Printed in Germany

Inhalt

1.	Vorwort	7
2.	Was ist Beratung?	8
3.	**Einige zentrale Aspekte der Beratung in der Sozialarbeit**	**10**
3.1.	Öffnung für Hoffnung und Mut	10
3.2.	Distanz und Nähe	14
3.3.	Gesprächsanfang	17
3.4.	Gesprächspausen	20
3.5.	Fragen des Klienten an den Berater	23
3.6.	Gesprächsabschluß	27
4.	**Der Klientenzentrierte Ansatz**	**29**
4.1.	Einführung in die Praxis der Klientenzentrierten Gesprächsführung	31
4.2.	**Ansprüche an den Berater**	**41**
4.2.1.	Von der Selbstwahrnehmung zur Selbstkontrolle	41
4.2.2.	Toleranz und partnerschaftliches Verhalten	45
4.2.3.	Partnerzentrierte Methode	46
4.2.4.	Zuhören mit Methode	48

4.2.5.	**Beratervariable I:** **"Wertschätzung und warme Anteilnahme"**	**51**
4.2.6.	**Beratervariable II:** **"Verbalisierung emotionaler Erlebnisinhalte"** **(Spiegelnde Methode)**	**57**
4.2.7.	**Beratervariable III:** **"Echtheit und Selbstkongruenz"**	**86**
4.3.	Die Selbstexploration des Klienten	95
4.4.	Kontrolle des Beratungsgeschehens	97
5.	Gefahren und Laster der Gesprächsführung	106
6.	**Register zu den Übungen (Übungsaufgaben)**	**112**
7.	**Bibliographie**	**117**
7.1.	Basisliteratur zur Beratung	117
7.2.	Basisliteratur zum Klientenzentrierten Ansatz	119
7.3.	Aufbau- und Spezialliteratur	121
7.3.1	Empirische Überprüfung des Klientenzentrierten Ansatzes	121
7.3.2.	Spezielle Problemstellungen des Klientenzentrierten Ansatzes	127
7.3.3.	Literatur für spezielle Klienten-Gruppen	135
7.3.4.	Psychotherapie und Psychopathologie	139
7.3.5.	Gruppendynamik und Gruppentherapie	145
7.3.6.	Weitere Spezialliteratur zum Klientenzentrierten Ansatz	147

1. Vorwort

Das vorliegende **Lern- und Übungsbuch** wendet sich an Sozialarbeiter, Sozialpädagogen, Psychologen und alle Menschen, die in helfenden Berufen beratend tätig sind oder ehrenamtlich eine helfende, beratende Tätigkeit ausüben.

Lernziel des Buches ist die *Einübung von Methoden des helfenden und heilenden Gesprächs* unter besonderer Beachtung der "Klientenzentrierten Gesprächsführung und Gesprächspsychotherapie", wie sie von Carl R. Rogers und Reinhard Tausch entwickelt wurde.

Durch **zahlreiche Übungen** wird dem Leser Gelegenheit geboten, sich in die *Methode und Praxis der Klientenzentrierten Gesprächsführung (Beratung)* einzuarbeiten.
Da die meisten Aufgaben und Übungen als Gruppenarbeit konzipiert sind, ist es vorteilhaft, den angebotenen Lernstoff in einer Arbeitsgruppe (Ausbildungsgruppe) gemeinsam zu bewältigen.

Das ausführliche **Register** der zahlreichen Übungen (Übungsaufgaben) bietet einen guten Überblick über die zu bewältigenden Stoffgebiete und erleichtert ein - ganz nach individuellen Erfordernissen gestaltetes - wiederholendes Vertiefen und Durcharbeiten des Lehrstoffes.

Eine **ausführliche Bibliographie** zur *"Klientenzentrierten Gesprächsführung"* und *"Gesprächspsychotherapie"* schließt das Werk ab und ermöglicht dem interessierten Leser, in das eine oder andere Spezialgebiet des Klientenzentrierten Ansatzes noch tiefer vorzudringen.

Köln, im Juli 1995

2. Was ist Beratung?

Ganz allgemein gesehen ist unter Beratung alles das zu verstehen, was in einem klärenden, hilfreichen Prozeß zwischen Ratsuchenden und Berater an Problematik zum Vorschein kommt und einer Lösung zugeführt werden soll.

Aus dieser Beschreibung ergeben sich drei Strukturelemente, die die Beratungssituation ausmachen: es gibt jemanden, der sich beraten lassen will (A); jemanden, der beraten soll - und dies auch will und dafür qualifiziert ist (B); und schließlich ein "Problem", eine Aufgabe, eine Schwierigkeit, die mit Hilfe des Beratungsvorgangs gelöst werden soll (C) (vgl. Schaubild).

Abb. 1: Strukturelemente der Beratungssituation (Hornstein, u. a. 1977, S 37 ff.)

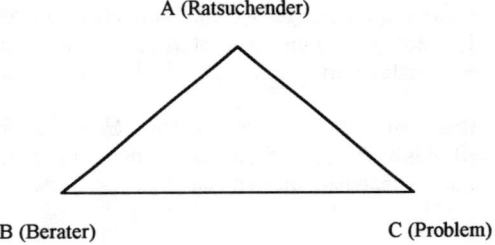

Das Beratungsgeschehen selbst hängt vom Vorverständnis und der Beratungstheorie des betreffenden Beraters ab.

Der Amerikanische Soziologe Barclay hat sich der Mühe unterzogen, nachzuforschen, woher die gegenwärtige Beratungswissenschaft ihre grundlegenden Wertvorstellungen und damit ihre Legitimation holt (Barclay 1971).

Aus dem nachfolgenden Schaubild wird deutlich, wie weit das Ideenspektrum reicht, aus dem die Legitimation hergeleitet wird, sich als Berater in den Lebensbereich des anderen Menschen hineinbegeben zu dürfen und in dessen Lebensbereich Veränderung erzielen zu wollen.

Abb. 2:

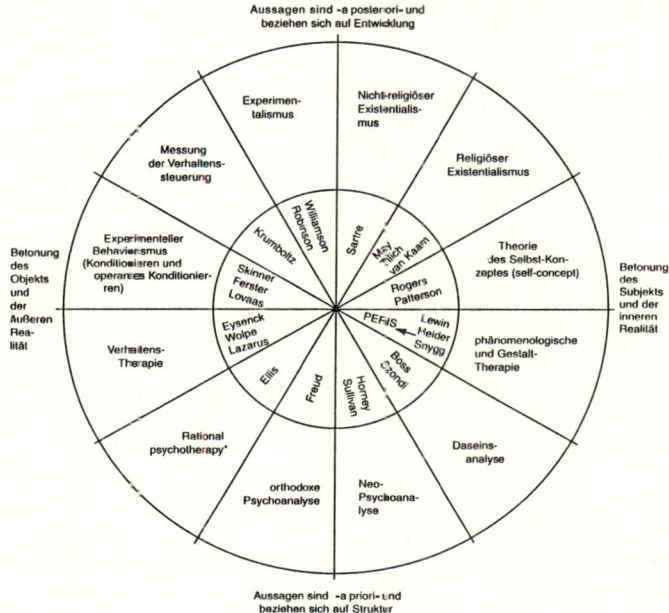

* im deutschen Sprachbereich unbekannt, als »rationale« oder Vernunft-Therapie zu bezeichnen
(Barclay 1971, S. 16; modifizierte Übersetzung nach Hornstein, u. a. (Funkkolleg) 1977, S. 288)

Die in der Sozialarbeit/Sozialpädagogik üblich gewordene Beratungsform, die "Soziale Einzelfallhilfe", orientiert sich weitgehend an der Konzeption der **Klientenzentrierten Gesprächsführung** im Sinne von Carl R. Rogers und Reinhard Tausch.

Von pointierten Vertretern der "Sozialen Einzelfallhilfe", wie Ruth Bang (1968), Felix Biestek (1968), Marie Kamphuis (1969), H. Lattke (1969), Henry Maas (1974), Helen Perlman (1969), werden folgende **sieben Grundsätze der helfenden Beziehung** genannt:

1. "Individualisierung", d.h. den Klienten als Individuum behandeln.

2. Sensitiv um Verständnis bemüht sein und zum bewußten Ausdruck von Gefühlen anregen.

3. Kontrollierte gefühlsmäßige Anteilnahme, d.h. Selbstdisziplin beim Berater bezüglich seiner eigenen Bedürfnisse und Gefühle.

4. Die Annahme des Klienten als Person von eigenem Wert.

5. Die nichtrichtende Haltung.

6. Die Selbstbestimmung des Klienten.

7. Die Verschwiegenheit gegenüber Dritten

3. Einige zentrale Aspekte der Beratung in der Sozialarbeit

Teil III ist als **"Vorübung"** für Teil IV anzusehen. Erst ab Kapitel IV werden Sie eingehend mit den "Methoden des Klientenzentrierten Ansatzes" vertraut gemacht und ausführlich Gelegenheit haben, die "Klientenzentrierte Gesprächsführung" zu erproben und einzuüben.

3.1. Öffnung für Hoffnung und Mut

Als Berater versuche ich, meinen Gesprächspartner für Neues (neue Erfahrungen, Möglichkeiten, Aktivitäten; neues Denken, Fühlen, Glauben) zu öffnen bzw. offen zu halten.
Für das Gesprächsklima und den Beratungsprozeß ist es nötig, daß es Freisein und Freiwerden für Hoffnung und Mut gibt.

Wie versuche ich ganz konkret im Beratungsalltag meinen Gesprächspartner für Hoffung und Mut zu öffnen?

1. Als Berater weiß ich, daß in meinem Gesprächspartner weder Hoffnung noch Mut entstehen können, wenn ich seine Not bagatellisiere oder ihn mit billigen "Trostpflästerchen" bediene.

2. Ich biete dem Klienten die klientenzentrierte Grundhaltung an (Wertschätzung/Wärme, Verbalisierung emotionaler Erlebnisinhalte, Echtheit/Selbstkongruenz). Dadurch hat er die Möglichkeit, ausführlich und emotional von Trauer, Leid, Schmerz, Hoffnungs- und Mutlosigkeit zu sprechen, ausführlich zu klagen und zu weinen. Das kann entlasten, befreien und klären. Im Anschluß daran kann der Klient oft von sich aus entdecken, wo er positive Seiten und Chancen zum Hoffen hat. Ich stehe ihm dabei zur Seite, indem ich gewissenhaft all seine Ansätze zu Hoffnung und Mut spiegle.

3. Öffnung für Hoffnung und Mut kann ich dem Gesprächspartner anbieten, wenn ich gemeinsam mit ihm folgende Fragen angehe:

- Wie stark ist der Wunsch, etwas zu ändern?
- Was müßte geschehen, damit es Ihnen besser geht?
- Was können Sie selber tun, was sollten Andere tun?
- Was sind die nächsten (kleinen) Schritte?

4. Ich prüfe gemeinsam mit dem Klienten, ob er hinter seinem schweren Schicksal einen Sinn entdecken kann: Dadurch können Hoffnung und Mut entstehen.

5. Zusammen mit dem Gesprächspartner suche ich nach konkreten Erfahrungen im Leben, wo es plötzlich Veränderungen und unerwartete Wendungen gab. Ist ähnliches Erleben für die Zukunft auszuschließen?

Praktische Übungen

Übung 1

Nachstehend werden **fünfzehn Menschenschicksale** skizziert. Beim Lesen bekommen Sie einen konkreten Eindruck, wie hoffnungslos Menschen sein können und wie schwer ein Ansatz für Ermutigung zu finden ist. **Bitte überlegen sie, in welcher Weise Sie mit diesen Menschen sprechen würden.**
Am besten nehmen Sie den einen oder anderen Fall als Ausgangspunkt für ein **Rollenspiel**: Ein Teilnehmer versucht, eine der angegebenen Rollen zu spielen; ein anderer Teilnehmer übernimmt die Rolle des Therapeuten; die übrigen Mitglieder der Lerngruppe fungieren als Beobachter; nach Möglichkeit nehmen Sie das Rollenspiel auf Tonband auf.

1. Ein Doktorand, der zugleich auch voll berufstätig ist, verwendet fast seine ganze Freizeit, um seine Doktorarbeit anzufertigen. Als er mit der Arbeit fertig ist, stirbt sein "Doktorvater". Alle seine Bemühungen, einen anderen Professor für seine Arbeit als Betreuer zu gewinnen, scheitern. Schließlich gibt er resigniert auf und veröffentlicht seine beachtliche wissenschaftliche Arbeit, ohne die akademische Würde eines Doktors erworben zu haben.

2. Ein Schüler (Punker) wird vom Lehrer ungerecht behandelt, es kommt zu einem unfruchtbaren und aufreibenden Machtkampf, der Lehrer sitzt am längeren Hebel, der Schüler wird nicht versetzt.

3. Ein leidenschaftlicher Bergwanderer, der aus verschiedenen, überwiegend aber wirtschaftlichen Gründen seit siebzehn Jahren nicht mehr im Urlaub war, verunglückt gleich zu Beginn seiner Ferien und muß wegen einer Kopf- und Kieferverletzung den ganzen Urlaub im Krankenhaus verbringen.

4. Eine Frau baut zusammen mit ihrem Mann eine gutgehende Firma auf, dann wird sie aus dem Geschäft und der Ehe gedrängt: Der Mann heiratet seine junge Sekretärin.

5. Ein gesundheitsbewußter junger Mann mit einem sexuell sehr promisken Lebensstil ist stolz darauf, daß er konsequent die Regeln des Safer-Sex einhält. Infolge eines Verkehrsunfalls mit dem Motorrad muß ihm im Krankenhaus fremdes Blut zugeführt werden. Als er nach Wochen das Krankenhaus als "gesund" verlassen darf, stellt sich heraus, daß ihm HIV-verseuchtes Blut zugeführt wurde.

6. Ein Mann stellt mit 50 Jahren fest, daß seine Frau und seine vier Kinder von ihm nur Geld wollen, um ihre persönlichen Interessen zu verwirklichen - er fühlt sich ausgenützt und mißbraucht.

7. Ein sehr ehrgeiziger und karrierebewußter Mann macht in seinem bisherigen Leben immer wieder die Erfahrung, "überzählig" zu sein bzw. sich unter Wert "verkaufen" zu müssen.
Nur durch übermäßigen Einsatz und größte persönliche Anstrengungen schafft er die Voraussetzung für die Hochschulreife. Im Studium selbst ist er sehr erfolgreich, findet aber trotz Prädikatsexamen keine angemessene Anstellung und kehrt schließlich resignierend in seinen alten Beruf zurück.

8. Eine verwitwete Großmutter stellt verbittert fest, daß sie nur für Andere gelebt und gearbeitet hat, niemand dankt es ihr, niemand hilft ihr jetzt im Alter.

9. Ein vierundvierzigjähriger, arbeitsloser Akademiker unterzog sich der Mühe, eine vom Arbeitsamt geförderte zweijährige Umschulungsmaßnahme für Geisteswissenschaftler in Informatik sehr erfolgreich zu absolvieren. Erbittert muß er feststellen, daß ihm weiterhin der Sprung ins Arbeitsleben verwehrt bleibt.

10. Ein Neunundfünfzigjähriger wird in seiner Firma in die Ecke gedrängt und auf das Abstellgleis geschoben, seine früheren Leistungen sind vergessen.

11. Ein sehr schüchterner, sozialgehemmter schwuler Mann leidet sehr darunter, daß ihm viele Kontaktmöglichkeiten verschlossen sind, da es für ihn eine seelische Überforderung darstellt, sich in Gruppen aufzuhalten. Da er aber die für ihn interessantesten Schwulen zumeist nur in Gruppenformation antrifft, arbeitet er in einem jahrelangen mühsamen Prozeß daran, seine übermäßige Schüchternheit und soziale Gehemmtheit in Freizeitgruppen und Geselligkeitsformen in Gruppen zu beheben.
Als er endlich den entscheidenden Durchbruch geschafft hat, und sich unter ähnlich menschenwürdigen Bedingungen - wie für viele andere Mitschwule selbstverständlich! - auch in Gruppen und Gruppenformationen aufhalten kann, interessiert er sich für eine ehrenamtlich soziale Tätigkeit in einer Schwulenemanzipationsgruppe. Zwei Motive leiten ihn: Zum einen möchte er anderen zeigen, was er fachlich und menschlich drauf hat, und zum anderen rechnet er damit, daß in einer Gruppe, in der sich Schwule ehrenamtlich für eine soziale Tätigkeit engagieren, er besonders wertvolle und seelisch angenehme Schwule antreffen wird.
Die Gruppe lehnt ihn als ehrenamtlichen Mitarbeiter ab. Drahtzieher dabei ist ein Gruppenmitglied, der für diese Sozialtätigkeit mal eine ABM-Stelle als Psychologe innehatte und der zu den anderen Gruppenmitgliedern sagte: "Nehmt bloß den nicht, den kenne ich!" Als er den betreffenden Psychologen am Telefon persönlich zur Rede stellt, erstattet dieser schließlich eine Strafanzeige wegen Beleidigung, Belästigung und Bedrohung.

12. Ein Student erkrankt an Multipler Sklerose und muß sein Studium und seine Karriere begraben.

13. Die verzweifelte und bittere Frage sehr wohlhabender und wertkonservativer Eltern: "Womit haben wir solche Kinder verdient? Unser Ältester sollte nach Abschluß seines wirtschaftswissenschaftlichen Studiums in unsere Steuerberatungs- und Wirtschaftsprüfungsgesellschaft einsteigen, sie weiter ausbauen und später ganz übernehmen. Aber er hat sein Studium abgebrochen, da er im "Geldscheffeln" keinen Sinn sieht und ist nun gar Mitglied der PDS geworden. Und unsere Tochter, die wir gerne "gut verheiratet" gesehen hätten, ist Lesbe und "Radikalemanze"."

14. Sohn, 17 Jahre, von den Eltern (Vater: Chefingenieur; Mutter: Ärztin) materiell sehr verwöhnt, doch emotional vernachlässigt, ist drogenabhängig. Die Eltern sehen ihre Mitschuld ein, wissen aber keinen Ausweg, wie sie ihrem Kind jetzt helfen können. Sie schwanken zwischen Selbstvorwürfen und Verzweiflung.

15. Ungestillte Sehnsucht eines schwulen Mannes: "Nun führe ich seit mehr als zwanzig Jahren ein schwules Leben. Zwar war ich in dieser Zeit viermal "fest befreundet" und eine Beziehung dauerte sogar neun Jahre, auch habe ich mehr als tausend Sexualpartner gehabt. Überhaupt fällt es mir nicht schwer, Typen, die ich sehr hübsch finde, ins Bett zu kriegen, aber noch nie hatte ich auch nur einen einzigen Partner gehabt, der mich auch nur annähernd äußerlich so attraktiv fand, wie ich ihn. Ich möchte endlich mal jemanden finden, den ich nicht nur superschön finde, sondern der auf mich so abfährt, wie ich auf ihn oder am besten noch geiler auf mich ist, wie ich auf ihn."

Hinweise:

1. "Fester Freund" ist unter Schwulen ein feststehender Terminus für eine Beziehung, mit der Liebe assoziiert wird und dessen Exklusivität etwas ähnliches wie "verlobt" oder "verheiratet sein" ausdrückt.

2. Wie aus empirischen Studien (Dannecker/Reiche 1974, Mc Whirter/Mattison 1986, Köllner 1990) hinreichend bekannt, lassen sich Schwule nicht etwa in zwei Lager aufspalten, wie: da die auf Freundschaft Abzielenden und dort die Promisken. Sich fest zu befreunden und gleichzeitig äußerst promisk zu leben sind für viele Schwule keine Gegensätze, sondern mehr sich völlig überlappende Phänomene.
Den "monogam" lebenden Schwulen gibt es ebenso selten, wie den Schwulen, der <u>ausschließlich nur</u> auf Partnerwechsel aus ist.

3. Erfahrungsgemäß und wie auch aus der Literatur bekannt (Masters/Johnson 1979, Köllner 1990) haben Schwule wenig Probleme damit, sexuelle Wünsche dem Partner zu sagen bzw. gewünschte Sexualpraktiken/Sexualtechniken dem Partner beizubringen.
Hingegen stellen Präferenzen (Vorlieben) für bestimmte Attraktivitätsfaktoren (Alter, Aussehen, etc.) größere Probleme für ein befriedigendes Sexualleben unter Schwulen dar (Köllner, 1990).

Übung 2
Bitte überlegen und diskutieren Sie folgende Themen: Wo gab und gibt es in meinem Leben Phasen der Hoffnungs- und Mutlosigkeit? Wie finde ich in solchen Situationen einen Ansatz für neue Hoffnung und neuen Mut?
Inwieweit kann ich meine Erfahrungen und Lösungsversuche einem Klienten mitteilen? Inwieweit bedeutet das für ihn eine konkrete Hilfe?

Übung 3
Bitte nehmen sie sich ca. zehn Minuten Zeit und notieren Sie **Ihre Einfälle zu der Frage:**
Was gefällt mir an mir (Aussehen, Berufsverhalten, Gesprächsführung, Privatleben, usw.)?
Nach Möglichkeit **teilen Sie Ihre Einfälle der Gruppe mit** und lassen sich durch die Aussagen anderer Gruppenmitglieder anregen.

3.2. Distanz und Nähe

Je nach Situation wünsche ich mir zu meinen Mitmenschen stärker Distanz oder stärker Nähe. Das Verhältnis ist veränderlich und der jeweiligen Situation angepaßt.
Nähe und Distanz werden verwirklicht, wenn ich am Partner teilhabe, ohne ein Teil von ihm zu werden und ohne ihn zu einem Teil von mir zu machen; wenn ich gleichzeitig in der Welt (des Denkens, Fühlens, Wollens) des Partners stehe und sie doch auch von außen sehe und daneben meine eigene Welt habe; wenn ich gleichzeitig "mit der Brille des Partners sehe" und "mit meiner eigenen Brille".

Warum ist beides nötig?

Distanz ist nötig,
- weil ich ein anderer Mensch bin als mein Partner (äußerlich wie innerlich),
- weil ich aus der Distanz heraus zu einer relativen Objektivität gelange, einen besseren Überblick gewinne,
- weil ich mein rationales und emotionales Weltgebäude nicht mit dem des Partners vermischen möchte,
- weil der Partner sein eigenes Ich finden und vertreten möchte.

Nähe ist nötig,
- weil ich den Partner in allen Verästelungen seines rationalen und emotionalen Erlebens zu verstehen und zu begleiten versuche,
- weil der Partner echten Kontakt und tiefes Vertrauen braucht (Anerkennung, Annahme, emotionale Wärme),
- weil der Partner ein aktives Bemühen und spürbares Engagement des Beraters (Therapeuten) benötigt,
- weil der Partner in der lebendig-nahen Begegnung mit dem Berater (Therapeuten) lernen kann, sein Verhalten zu erkennen und zu ordnen.

Wie realisiere ich ganz konkret im Beratungsalltag die richtige Balance zwischen Distanz und Nähe?

1. Als Berater bin ich mir ständig bewußt, daß zu einem lebendigen und fruchtbaren Gespräch sowohl Nähe als auch Distanz gehören. Ich versuche, daß weder ich selber noch mein Gesprächspartner dieser Spannung ausweichen und es uns beiden gelingt, jene Mischform von Distanz und Nähe zu verwirklichen, die uns angemessen scheint.

2. Mit großer Sensibilität achte ich (beim Partner und bei mir selbst) auf alle Signale, die auf Nähe oder Wunsch nach Nähe hindeuten, aber auch auf alle Äußerungsformen, die als Zeichen von Distanz zu werten sind.

3. Ich gehe auf den Partner mit seinem Wunsch nach mehr Distanz oder mehr Nähe so weit als möglich ein. Dabei bleibe ich echt und mir selbst identisch.

4. Ich arbeite mit Methoden des Klientenzentrierten Ansatzes, konkret: Ich praktiziere Wertschätzung/Wärme, Verbalisierung emotionaler Erlebnisinhalte, Echtheit/Selbstkongruenz.
Der Klientenzentrierte Ansatz läßt Raum für Distanz und Nähe und beläßt dem Partner Freiheit und Selbstbestimmung. Diese Methode kann verhindern, daß Nähe mit totaler Identifikation und Sympathie mit Parteiergreifen vermischt werden, oder daß Distanz mit Unbeteiligtsein verwechselt wird.

Praktische Übungen

Übung 1

Innerhalb der Arbeitsgruppe bilden sich Paare (Partner 1 = P1, Partner 2 = P2); die Paare machen diese Übung (Schutz 1977, S. 100 ff.) gleichzeitig. Während der Übung wird nicht gesprochen. Die Übungspartner achten insbesondere auf eigene Körperhaltung (Körpersignale) und Gefühle. Die Übung besteht aus drei Teilen, wobei jeder Teil etwa 4 Minuten dauert.

Teil 1
P2 steht mit dem Rücken zur Wand (oder Stuhl oder Tisch) und darf nicht gehen. P1 steht im Abstand von etwa 5 Meter. Nachdem man Blickkontakt aufgenommen und sich in die Situation eingefühlt hat, hat P1 die Möglichkeit, in kleinen Schritten vorwärts und rückwärts zu gehen; er erprobt verschiedene Abstände zu P2 und bleibt schließlich in dem Abstand stehen, der ihm selber angenehm erscheint (ohne Rücksicht auf P2!).

Teil 2
Dieser Teil verläuft entsprechend Teil 1, allerdings werden die Rollen getauscht: P1 steht an der Wand und bewegt sich nicht, P2 sucht den Abstand herauszufinden, den er als angenehm erlebt.

Teil 3
P1 und P2 stehen im Abstand von etwa 5 Metern. Beide Übungspartner dürfen vorwärts und rückwärts gehen. Durch Erproben finden beide gemeinsam heraus, welcher Abstand für beide angenehm erscheint und bleiben dann stehen.

Reflexionsphase 1
Nach diesen drei Übungsteilen hat jedes Übungspaar die Möglichkeit, seine Erfahrungen auszutauschen.

Partnerwechsel
Im Anschluß daran wird die ganze Übung mit einem anderen Partner wiederholt, um die Erfahrungen zu vertiefen und zu verbreiten.

Reflexionsphase 2: Gruppendiskussion
Es findet eine freie Aussprache innerhalb der Gruppe statt - die Erfahrungen mit sich selber und dem Partner werden ausgetauscht und ausgewertet.

Im Anschluß an die freie Aussprache können Sie sich durch folgende Fragen (bitte erst nach der Übung lesen!) anregen lassen (Dauer etwa 45 Minuten):

1. Wie empfinden Sie, wenn Sie ganz nahe beieinander stehen oder aber auf Distanz gehen?
2. In welcher Distanz fühlen Sie sich richtig wohl?
3. Wie erleben Sie es, wenn Ihr Gegenüber mehr Nähe oder Distanz aufsucht, als Ihnen angenehm ist?
4. Wie erreichen Sie einen Abstand, der Ihnen und Ihrem Gegenüber angemessen und angenehm erscheint?
5. Können Sie bei sich selber eine gewisse Grundstruktur im Empfinden und Verhalten feststellen? Gehen Sie leicht oder schwer auf einen anderen Menschen zu? Gehen Sie lieber auf Distanz oder auf Nähe? Fällt es Ihnen leicht, sich auf das Vorgehen des Anderen einzustellen? Geben Sie eher nach, oder lassen Sie es eher auf einen Machtkampf ankommen, in dem Sie sich zu behaupten versuchen? Erleben Sie im Umgang mit Verwandten und Freunden, mit Fremden und Feinden etwas Ähnliches wie innerhalb dieser Übung?
6. Warum suchen Sie die Nähe? Warum lieben Sie die Distanz? Warum schätzen Sie den Wechsel von Distanz und Nähe? Gegenüber welchen Menschen (Körperbau, Stimme, Charaktereigenschaften) sind Sie in der Regel distanziert? Welche Menschen finden Sie anziehend und angenehm?
7. Welche Konsequenzen ziehen Sie im Hinblick auf Ihren Umgang mit Klienten? Zu welchen Gesten (Körperhaltung, Gesichtsausdruck, Sprache der Augen und Hände, Sitzordnung) und zu welchen Worten greifen Sie, wenn Sie im Gespräch mit einem Klienten mehr Nähe oder mehr Distanz wachsen lassen möchten. Mit welchen Gesten und Worten kann Ihnen der Klient zeigen, daß er mehr Nähe (oder Distanz) sucht bzw. fürchtet?

Übung 2

"Umarmungsübung" (Köllner 1994, S 100)
Die Mitglieder der Arbeitsgruppe (Ausbildungsgruppe) verteilen sich im Raum und gehen, ohne sich ein festes Ziel zu setzen, langsam und ganz entspannt umher. Dann sagt der Sitzungsleiter "jetzt". Daraufhin umarmen sich die Gruppenmitglieder, die sich gegenüberstehen, besonders herzlich. Nach einiger Zeit ruft der Sitzungsleiter "langsam zum Ende kommen". Die Paare verabschieden sich, und alle Gruppenteilnehmer setzen den Spaziergang fort, bis der Sitzungsleiter erneut "jetzt" ruft. Insgesamt fordert der Sitzungsleiter zu mindestens 5-6 Umarmungen auf.

Anschließend tauschen sich die Gruppenmitglieder über ihre Empfindungen aus, die sie während der Übung hatten.

3.3. Gesprächsanfang

Bevor Sie diesen Abschnitt lesen, überlegen Sie sich bitte folgende Fragen:

1. Welche Gedanken und Gefühle allgemeiner Art können sich beim Berater zu Beginn eines Gesprächs einstellen?
2. Welche Gefühle und Gedanken haben Klienten häufig am Anfang eines Gesprächs?
3. Wie läßt sich erreichen, daß ein Gespräch einen guten Start hat?

Sowohl für den Berater als auch für den Klienten ist es nicht einfach, den Kontakt zum Gesprächspartner aufzunehmen. Andererseits hängt von den ersten Sekunden und Minuten eines Gesprächs viel ab.

Wie kann der Berater den "Einstieg" erleichtern?

1. Als Berater **warte ich ab, ob der Klient** von sich aus **das Gespräch eröffnet**, und bin offen für alle verbalen und nonverbalen Äußerungen des Klienten!
"Offensein" heißt, daß ich mit großer Aufmerksamkeit und Konzentration zuhöre, Ruhe und Geduld austrahle (kein Drängen, keine Neugier).

2. Wenn der Klient nicht von sich aus den Anfang macht, kann der Berater **ein offenes Angebot** zum Reden machen.
Beispiele: "Es steht Ihnen frei, womit Sie das Gespräch beginnen", "Wir haben (fast) eine Stunde Zeit: Sie können alles erzählen, was Sie wollen".. (Hinweis: Eine gezielte Frage würde den Klienten leicht in die Enge treiben oder gar manipulieren, eine direkte Aufforderung zum Reden kann ihn überfordern).

3. Hat der Klient mit dem Sprechen begonnen, versucht der Berater **relativ häufig, die Gefühle und Erlebnisse des Klienten zu verbalisieren**. Dadurch spürt der Klient, daß er verstanden und akzeptiert wird, daß er sich weiter öffnen und erklären kann, daß sich der Therapeut engagiert mit aktivem Bemühen und Suchen.

4. Der Berater **achtet aufmerksam auf die ersten Sätze des Klienten**, auch auf seine ersten nonverbalen Äußerungen: Oft drückt sich darin die Grundstruktur und das Grundproblem des Klienten aus. Ebenso achtet der Berater auf die ersten Gedanken und Gefühle, die der Klient bei ihm auslöst.

5. Da Klient und Berater mit bestimmten Erwartungen in das erste Gespräch hineingehen, **achte ich** als Berater **beständig auf die "Doppelfrage"**: "Was will der Klient? Was will ich?"

Praktische Übungen

Übung 1
Übungen zum Gesprächsanfang (Weber 1991, S. 138):
Überlegen Sie bitte, **wie Sie sich in den folgenden Situationen** als Berater **optimal verhalten** können:

- Der Klient startet mit einem **Redeschwall**, spricht sozusagen "ohne Punkt und Komma".

- Der Klient möchte nach wenigen informativen Aussagen vom Berater eine **Meinung**, einen **Rat** (vlg. dazu **Kap. 3.5.**. "Fragen des Klienten an den Berater").

- Der **Klient** findet keinen "richtigen" Anfang, er **schweigt** (vgl. dazu **Kap. 3.4.** "Gesprächspausen").

- Der Klient beginnt das Gespräch mit **Redewendungen** wie:

    - "Ich glaube nicht, daß Sie mir helfen können."
    - "Ich habe ein ganz ausgefallenes Problem."
    - "Ich weiß nicht, wie ich anfangen soll."
    - "Ich würde eigentlich lieber mit einer Frau (einem Mann) sprechen."
    - "Ich habe Sie mir eigentlich (älter) jünger vorgestellt."
    - "Ich habe große Hemmungen gegenüber einem Berater."
    - "Sie erinnern mich an eine bestimmte Person (Vater, Mutter, Lehrer, Freund, etc.)."

Auf die **besonderen Schwierigkeiten beim ersten Gespräch** machen auch Vrolijk/Dijkema/ Timmerman (1973, S. 127 ff.) sehr praxisnah aufmerksam:

Das erste Gespräch bringt besondere Schwierigkeiten mit sich, weil noch keine Beziehung zwischen Berater und Klient besteht und weil es für den Klienten oft sehr schwierig ist, um Hilfe zu bitten.
Der Berater muß sich auf die Ausdrucksweise des Klienten einstellen. Er fördert die gute Beziehung zum Klienten durch eine nicht-direktive Haltung und indem er dem Klienten Verständnis entgegenbringt.
Im ersten Gespräch fühlt der Klient sich oft besonders unsicher. Oft wird er seine Unsicherheitsgefühle abwehren, indem er sachlich und intellektualisierend über seine Probleme spricht.

Beispiele:
I.
Berater:
"Sie möchten mich sprechen?"
Klientin:
"Ja, es handelt sich um meinen Mann. Wir streiten uns eigentlich schon jahrelang, aber in der letzten Zeit geht es nun wirklich nicht mehr. Ich werde so nervös davon. Er ist so aufbrausend,

wissen Sie? Ich möchte gern, daß Sie mir helfen, mit meinem Mann umzugehen, weil er so schwierig ist."
Kurzanalyse:
Die Klientin spricht nicht über eigene Probleme, sondern über die ihres Mannes; sie nimmt damit eine **abwehrende Haltung** an.

II.
Klient
"Ja, ich frage mich jetzt, ob es überhaupt richtig war herzukommen. Man sagt ja, daß Leute wie Sie an solchen Problemen auch nicht viel ändern können. Sie werden da auch wohl nichts machen können. Überhaupt scheinen Sie mir reichlich jung."
Kurzanalyse:
Der Klient zweifelt die Fähigkeiten des Beraters an, seine Haltung zeigt **Aggressivität**.

III.
Klient
"Mein Problem sieht so aus: Mit neunzehn machte ich Abitur, danach habe ich mich bei einem Wirtschaftsprüfer beworben. Ich wurde angenommen, aber nach drei Monaten hat man mir gekündigt, weil ich zu oft zu spät kam. Ich bewarb mich dann bei einer anderen Firma, die mir nach einiger Zeit wegen Rationalisierung des Betriebes gekündigt hat. Ähnlich ging es mir bei meinem nächsten Job."
Kurzanalyse:
Der Klient spricht über Ereignisse statt über seine Gefühle, er wehrt durch **Versachlichung** ab.

Halten wir fest:
Im ersten Gespräch zeigen sich besondere Schwierigkeiten weil:
- Der Berater sich auf die Ausdrucksweise des Klienten einstellen muß;
- noch keine gute Beziehung besteht;
- der Klient sich oft sehr unsicher fühlt und darum
- nicht imstande ist, seine Gefühle zu explorieren (erkunden);
- er versucht, diese abzuwehren.

Übung 2
Versuchen Sie, im **Rollenspiel** zu den drei Beispielen von Vrolijk/ Dijkema/ Timmerman gute Beraterreaktionen herauszufinden.

Besondere Schwierigkeiten können in der Praxis beim Gesprächsanfang zusätzlich auftreten, wenn der Klient gar nicht zu sehen ist, wie dies z. B. bei der Telefonseelsorge oder dem Telefonnotdienst für Kinder und Jugendliche oder dem Drogentelefon-Notdienst der Fall ist.

3.4. Gesprächspausen

Zur Einstimmung beginnen wir mit zwei Übungen:

Reflexionsübung 1   (ca. 3 Min.)
Erinnern Sie sich an Gesprächspausen, die Sie als Berater (oder Klient) erlebt haben! Denken Sie sich intensiv in die Situation hinein, die während einer Gesprächspause entsteht. Wie würden Sie reagieren?

Reflexionsübung 2   (ca. 10 Min.)
Was fällt Ihnen zu **folgenden Fragen** ein:

- Was erlebt der Klient, wenn eine Gesprächspause entsteht?
- Wann und warum beendet er die Pause?
- Was geht im Berater (Therapeuten) vor, wenn eine Gesprächspause eintritt?
- Warum möchte er eine Pause beenden?
- Warum könnte er warten, bis der Klient die Pause beendet?

Was sind die möglichen Ursachen von Gesprächspausen?

Ursachen in der Person des **Klienten:**

1. Er leidet an einer allgemeinen Kontakt- und Redehemmung.
2. Er hat Hemmungen, seine Gedanken und Gefühle auszusprechen, weil sie intim und peinlich sind.
3. Es fehlt ihm allgemein an gedanklicher Klarheit und sprachlicher Ausdruckskraft.
4. Er hat kaum Möglichkeiten zur Leistung und Kooperation.
5. Er leidet unter ungünstigen äußeren Umständen (Zimmereinrichtung, Sitzordnung, Lärmbelästigungen, usw.).
6. Er findet keinen Ausweg und resigniert.
7. Er fühlt, daß die augenblickliche Thematik abgeschlossen ist.
8. Er hat wichtige Gedanken und Gefühle, die ihn innerlich weiterbringen, aber er möchte sie momentan nicht aussprechen.
9. Er mißtraut dem Berater (zu Recht oder zu Unrecht) und hat Kritik gegenüber seiner Methode.
10. Er hat starke Gefühle der Sympathie für den Berater (Therapeuten).

11. Er empfindet Widerstand gegenüber dem Berater (Therapeuten) oder dem Thema.
12. Er ist müde und kann sich momentan nicht konzentrieren.
13. Er kommt an einen kritischen (Wende-) Punkt, das Thema wird ihm zu heiß.
14. Er braucht eine Pause als "Stille vor dem Sturm", gleich folgt eine emotionale Explosion (Wutausbruch, Tränenausbruch, usw.).
15. Er steuert eine neue Erkenntnis oder ein neues Thema an.
16. Er hat einen spontanen Einfall, eine unerwartete Assoziation.
17. Er fühlt sich alleingelassen (z.B. weil er keine Verbalisierung emotionaler Erlebnisinhalte erfährt).
18. Er braucht eine Pause, um Erkenntnisse und Gefühle zu verarbeiten.

Ursachen in der Person des **Beraters**:

1. Er paßt sich an das Schweigen des Klienten an, weil dieses fruchtbar erscheint.
2. Er ist müde, gleichgültig, enttäuscht, hilflos, gekränkt, ärgerlich (aggressives Schweigen), usw.
3. Er schweigt aus Gründen der Selbstbehauptung oder Taktik, etwa nach dem Motto: "Wenn ich nichts sage, sage ich nichts Falsches."

Wie gehe ich als Berater sinnvoll und hilfreich mit Pausen um?

1. Als Berater versetze ich mich in die Situation meines Klienten, **suche ich seinen "inneren Bezugsrahmen" auf:** Was geht in ihm vor? Wo steht er? Wohin will er? Wie fühlt er sich im Augenblick?
2. **Ich verbalisiere den inneren Bezugsrahmen** des Klienten, zum Beispiel:

- "Ich versuche mir vorzustellen, wie Sie diese Pause erleben?"
- "Ich weiß nicht genau, ob Sie diese Pause eher störend oder eher angenehm empfinden, was da in Ihnen vorgeht."
- "Ich habe das Gefühl, diese Pause sei hilfreich und schöpferisch. Verstehe ich Sie so richtig?"
- "Wenn ich Sie recht verstehe, erleben Sie diese Pause als bedrückend oder sind irgendwie unzufrieden."
- "Ich frage mich, ob es einen Zusammenhang gibt zwischen unserem aktuellen Gesprächsthema und der Pause, die jetzt eingetreten ist."

3. Ich **mache mir** als Berater **bewußt, was ich während der Gesprächspause empfinde** (Geduld oder Unruhe, Gleichgültigkeit oder aktives Bemühen).

4. Ich **strahle Ruhe aus**, indem ich keine auffälligen Bewegungen mache, ruhig sitze und ruhig blicke.

5. Ich **warte geduldig**, bis der Klient sein Thema findet und dort weitermacht, wo er gerade steht.

6. Ich **erkläre kurz**, daß Pausen zur Beratung (Therapie) gehören, weder übergangen werden sollen noch krampfhaft überwunden werden müssen.

Praktische Übungen
(Weber 1991, S. 145 f.)

Übung 1
Bitte **führen Sie einige Rollenspiele durch, in denen es** seitens des Klienten **zu häufigen und langen Pausen kommt**. Greifen Sie im Rollenspiel nach Möglichkeit auf Ernst-Situationen zurück, die Sie selbst erlebt haben (als Berater oder als Klient).

Übung 2
Bitte suchen Sie Berateranworten zu folgenden "Klientenäußerungen":

1. Klient verfällt in Schweigen, schaut betreten auf seine Fußspitzen, macht ungezielte, unruhige Bewegungen, kratzt sich an der Nase, zündet sich eine Zigarette an, schaut auf die Uhr.

2. Klient schweigt, sitzt einigermaßen entspannt da, schaut lange auf einen Fleck.

3. Klient sieht den Berater (Therapeuten) fragend und hilflos an, während er schweigt.

4. Klient schweigt und fängt schließlich an zu weinen.

5. Eine 30jährige Ehefrau klagt und schimpft 30 Minuten lang über ihren Mann, bricht dann plötzlich ab und schweigt bereits drei Minuten lang.

6. Eine junge Stenotypistin kommt unter Aufbietung all ihrer Kraft in die Sprechstunde, macht mit stockender Stimme einen Anfang, zieht dann einen Zettel aus der Handtasche und liest ab, was sie sagen will. Danach versinkt sie in Schweigen.

Übung 3
Über Tonband oder Video-Recorder wird ein Gespräch vorgeführt, in dem es (immer wieder) zu längeren Pausen kommt: Wie wäre angemessen zu reagieren?

3.5. Fragen des Klienten an den Berater

Häufig stellen Klienten direkte Fragen an den Berater, wollen seine Meinung und seinen Rat hören. **Beliebt sind Fragestellungen wie**: "Was soll ich tun?", "Was raten sie mir?", "Was meinen Sie zu diesem Thema?", "Was würden Sie in meiner Lage tun?", "Wie finde ich die rechte Entscheidung?", "Warum ist das alles so gekommen?", "Wie komme ich aus diesem Konflikt heraus?".
Für das helfende und heilende Gespräch stellen solche Fragen eine besondere Klippe dar.

Warum ist es fragwürdig und gefährlich, wenn der Berater auf Klientenfragen (spontan) eine direkte Antwort gibt?

1. Eine direkte Antwort des Beraters ist nicht frei von subjektiver Eigenart. Wie sollte die subjektive und individuelle Antwort des Beraters dem Klienten helfen, der ebenfalls ein subjektives, individuelles und originales Geschöpf ist?
2. Wie sollte der Berater eine Frage des Klienten exakt und hilfreich beantworten, ohne den Kontext der Frage und die höchst individuelle Struktur des Fragenden genau zu kennen?
3. Antwortet der Berater einfach direkt, übersieht er möglicherweise alle die Vorüberlegungen und möglichen Antworten, die der Klient für sich selbst schon gefunden hat.
4. Wenn aus den Fragen des Klienten hervorgeht, daß er Angst vor einer Entscheidung und deren Folgen, also Angst vor eigener Verantwortung hat, wie sollten diese Ängste in ihrer Tiefe beseitigt werden, wenn der Berater eine direkte Antwort liefert?
5. Wenn der Klient eine direkte und dirigierende Antwort will, begibt er sich in die Rolle des "Kindes", das die autoritäre Antwort des "Vaters" braucht. Will der Berater die Rolle des "allwissenden Vaters" übernehmen, den man ständig fragen kann und der die Hauptverantwortung übernimmt?

Wie kann der Berater methodisch exakt und hilfreich mit den Fragen des Klienten umgehen?

In aller Regel ist es fruchtbar und hilfreich, wenn der Berater **die Fragen des Klienten in angemessener Form zurückspiegelt** (Verwendung von Synonymen und Antonymen, Verbalisierung der mit der Frage verknüpften Gefühle und Wünsche).

Das spiegelnde Zurückgeben ist deshalb so sinnvoll und hilfreich weil,
- der Berater das eigenständige Nachdenken, Suchen und Finden des Klienten fördern muß und ein Abhängigwerden des Klienten verhindern will,

- der Klient seine Möglichkeiten (Stärken und Schwächen) oft genauer kennt als der Berater,
- der Berater in der Regel überfordert ist, sollte er eine exakte und individuell zugeschnittene Antwort geben,
- dem Klienten die Entscheidung und die Verantwortlichkeit nicht abgenommen werden kann.

Wie geschieht ganz konkret im Beratungsalltag ein fruchtbarer Umgang mit Klientenfragen?

Das **Zurückspiegeln (Verbalisieren)** von Klientenfragen kann in der Praxis so aussehen, daß der Berater dem Klienten in etwa antwortet:

- "Sie haben sich sicherlich schon selber Gedanken gemacht, selber einige Antworten erwogen."
- "Mich interessiert sehr, was Ihnen diese Frage bedeutet."
- "Ich finde es wichtig zu klären, welche Gefühle sie angesichts dieser Frage haben."
- "Diese Frage macht Sie ziemlich unruhig, geht Ihnen sehr zu Herzen."
- "Angesicht dieser Frage fühlen Sie sich unsicher, vielleicht auch unmündig wie ein Kind, haben Angst vor der Verantwortung. Ich kann verstehen, daß Sie Sicherheit und Entlastung suchen."
- "Sie haben das Gefühl, daß Sie da verschiedene Möglichkeiten haben: Einerseits ..., andererseits ... "
- "Ich frage mich, ob Sie zu einer bestimmten Antwort neigen, ob sich die Waagschale nach einer bestimmten Seite neigt."
- "Mich beschäftigt, ob Sie eine bestimmte Antwort von mir erwarten."
- "Vielleicht können wir gemeinsam nach der für Sie gültigen Antwort suchen."

In der Praxis kann es passieren, daß die mit emotionaler Wärme und aktivem Bemühen zurückgespiegelte Frage vom Klienten nicht aufgegriffen wird. Manche Klienten haben die feste Erwartung, daß der Berater die Antwort weiß und ausspricht, und sind überrascht oder enttäuscht, wenn das nicht geschieht.
In dieser Lage sollte der Berater kurz erklären, warum er eine direkte und schnelle Antwort nicht geben kann und nicht geben darf.

Beharrt der Klient weiterhin darauf, unbedingt eine direkte Antwort zu erhalten, kann der Berater dieses Bedürfnis des Klienten zunächst spiegeln.
Besteht der Klient immer noch auf einer Antwort, ergeben sich **zwei Möglichkeiten:**

1. Der Berater; versucht im Sinne eines Angebots eine (vorläufige) Antwort zu geben. Dies kann in der Praxis so aussehen, daß der Berater verschiedene Antworten anbietet und es dem Klienten überläßt, herauszufinden, was für ihn gültig ist.

2. Der Berater mutet dem Klienten und sich selber zu, daß (im Augenblick) keine Antwort und Lösung zu finden ist: Er sagt in etwa:

- "Ich leide ebenso wie Sie darunter, daß wir (im Augenblick) keine lösende Antwort finden."

- "Es tut mir leid, ich bin hier (im Augenblick) überfragt. Was können wir jetzt tun?"

An diese offene Frage können sich unter Umständen folgende **anregende Fragen anschließen:**
- "Können Sie sich vorstellen, daß jemand Anderes die lösende Antwort weiß?"

- "Ist es so, daß Ihre Fragen vielleicht erst im Laufe der Zeit zu beantworten sind?"

- "Können wir gemeinsam einen Weg finden, daß Sie mit dieser ungelösten (und vielleicht unlösbaren) Frage leben können?"

Praktische Übung
(Weber 1991, S. 151 ff.)

Übung
Sie finden **fünf Klientenäußerungen**, die alle in eine Frage an den Berater einmünden. **Anhand dieser Klientenäußerungen lösen sie bitte folgende Aufgaben:**

1. Sie nehmen sich viel Zeit und schreiben eine möglichst hilfreiche Antwort auf ein Blatt Papier.

2. Sie haben nur ganz kurze Zeit und notieren spontan eine Beraterantwort.

Vergleichen und analysieren Sie Ihre Antwort anschließend mit einem **Supervisor** oder mit Ihrer **Arbeitsgruppe**.

Klient A (18 Jahre, Banklehrling):
"Muß ich mir mit 18 Jahren alles genau vorschreiben lassen? Mein Vater sagt: Ich dulde keine Widerrede und keinen Widerstand! Solange du noch die Beine unter meinen Tisch streckst, hast du zu gehorchen! Widersetze ich mich dieser direkten Drohung, so verliere ich meinen Vater und seine Zuwendungen. Gebe ich aber nach, so verliere ich mich selbst, d.h., mein eigenes Wesen und die Achtung vor mir selbst. **Wofür soll ich mich da entscheiden?**"

Klientin B (22 Jahre, Musikstudentin):
"Auf der einen Seite verdanke ich es der Strenge meiner Eltern, daß ich ausgezeichnet Klavierspielen kann - aber ich denke andererseits mit Schrecken an die Übungsstunden zu Hause: Hätte man mit anderen Methoden nicht ebenso weit kommen können? Meine Geschwister und ich wurden meistens sehr hart angefaßt, unsere Eltern begründeten das mit "Erfahrungen aus der Vergangenheit" und mit "Sorge um die Zukunft der Kinder". Aber war es nicht oft blanke Herrschsucht und pure Freude an der Machtausübung? Mein eigenes Verhalten ist unsicher und schwankt von einem zum anderen Extrem: Gegenüber meinen Mitmenschen trete ich entweder autoritär oder extrem antiautoritär auf, wobei beides nicht gut ankommt. **Wo liegt die hilfreiche Mitte?**"

Klient C (24 Jahre, Drogist):
"Ich hatte meiner Freundin versprochen, ihre Angst und Zurückhaltung gegenüber dem Intimverkehr zu repetieren. Trotzdem ist es nun zum Verkehr gekommen. Meine Freundin macht mir nicht viel Vorwürfe, ich mache sie mir hauptsächlich selber. Ich stelle fest: obwohl ich ziemlich rational veranlagt bin und es ehrlich nicht wollte, habe ich es nun doch gemacht. Obwohl ich das Ich meiner Freundin repetiere und Zwang verabscheue, habe ich doch mein eigenes Ich durchgesetzt und auf Geschlechtsverkehr gedrängt. **Wie komme ich aus diesem Dilemma heraus?**"

Klientin D (35 Jahre, verheiratet, 2 Kinder):
"Mein Mann sagt, daß chemische, mechanische und hormonelle Methoden der Empfängnisverhütung unnatürlich und ungesund seien. Er will den ehelichen Verkehr nur an den empfängnisfreien Tagen pflegen. Von dieser Meinung kann ich ihn einfach nicht abbringen, **wie kann ich ihn endlich überzeugen?**"

Klientin E (42 Jahre, verheiratet, 3 Kinder):
"Mein Mann gibt mir keinen Einblick in sein Leben - von seinem eigentlichen Wesen weiß ich fast nichts. Alle meine Bemühungen um Gespräche schlagen fehl. Wenn ich etwas mitteilen will und hole dabei etwas weiter aus, dann heißt es: "Ich will keinen Vortrag!" Bin ich anderer Meinung als er, bricht er das Gespräch ab mit der Bemerkung: "Ich brauche keinen Streit!" Da ich ohne Aussprache und Ansprache nicht leben kann, möchte ich fragen: **Was soll ich tun? Und warum ist mein Mann so, wie er ist?**"

3.6. Gesprächsabschluß

Um ein Gespräch sinnvoll und fruchtbar abzuschließen, muß der Berater die Motivationen überschauen, die ihn und den Klienten zum Abschluß veranlassen. Nicht weniger wichtig ist die Frage: Welche Motivationen können im Klienten und dem Therapeuten den Wunsch wecken, das Gespräch noch nicht zu beenden.

Den Berater können folgende Gründe zum Gesprächsabschluß motivieren:
1. Die Leistungsfähigkeit auf beiden Seiten nimmt ab, und es besteht die Gefahr, daß gewonnene Einsichten wieder verloren gehen (Überfütterung/Überforderung).
2. Er braucht Zeit und Ruhe, um das aktuelle Thema intellektuell und emotional zu verarbeiten.
3. Er hat gegenüber dem Klienten und / oder dem Gesprächsthema starke Gefühle von Desinteresse oder Antipathie, die er momentan nicht in den Griff bekommt.
4. Er muß sich anderen Pflichten widmen: Ein anderer Klient wartet.

Den Klienten können folgende Gründe zum Gesprächsabschluß motivieren:
1. Er ist mit dem Gespräch und seinen Ergebnissen zufrieden und wird langsam müde.
2. Er ist mit sich selber und / oder dem Berater unzufrieden und hat deshalb Gefühle der Wut oder der Resignation.
3. Er kann im Augenblick nicht zu weiteren Ergebnissen finden, weil er Angst vor weiterführenden Konsequenzen hat.

Der Berater hat manchmal den Wunsch, **länger** als 60 Minuten (mit einem Klienten) zu sprechen.
Gründe können sein:

1. Er erkennt deutlich, daß dieser Klient am heutigen Tag ausnahmsweise etwas mehr Zeit braucht.
2. Er meint, sein eigenes Versagen oder die Unzufriedenheit des Klienten nicht ertragen zu können und unbedingt noch einige Schritte weiterkommen zu müssen.
3. Er empfindet dem aktuellen Gesprächsthema und dem Klienten gegenüber zu viel Interesse und Sympathie und verfällt deshalb in ein beraterisch (therapeutisch) fragwürdiges Weiteragieren.
4. Es fällt ihm (prinzipiell) schwer, eine (Zeit-) Grenze einzuhalten, nein zu sagen, dem Gesprächspartner etwas zuzumuten, den anderen zu enttäuschen und mit dieser Enttäuschung umzugehen.

Der **Klient** hat manchmal den Wunsch, **länger** als 60 Minuten beim (Berater) Therapeuten zu sein. Dafür gibt es verschiedene **Gründe**:

1. Er möchte ein angesprochenes Problem vollends zu Ende führen und glaubt, daß er dazu nur noch wenig Zeit braucht.
2. Er meint, daß er "alles auf einmal" besprechen kann.
3. Es fällt ihm (prinzipiell) schwer, eine (Zeit-) Grenze einzuhalten.

Was kann ich als Berater tun, damit der vorgesehene Zeitrahmen eingehalten wird?

1. Als Berater **überblicke ich die verschiedenen Gründe**, die für oder gegen eine "fristgerechte" Beendigung des Gespräches sprechen, und verbalisiere diese, soweit dies nötig erscheint.

2. Zwischen Berater und Klient wird ein **klares Arbeitsbündnis** geschlossen, etwa so: "Ich habe heute 50 Minuten Zeit, um intensiv mit Ihnen zu arbeiten. Sind Sie damit einverstanden?"

3. Der Berater kann (in unauffälliger Weise) **eine Uhr aufstellen** und in etwa fünf Minuten vor Gesprächsende auf diese verweisen, z.B. so: "Ich sehe eben, daß wir jetzt noch fünf Minuten Zeit haben. Was soll da noch zur Sprache kommen?"

4. Wenn der Klient die Zeit überziehen will, kann der Berater **klären, was dahinter steht**. Der Berater kann aber auch das Gespräch beenden mit Aussagen wie: "Ich schlage vor, daß wir beide zum nächsten Mal überlegen: Was war heute wichtig, und was soll nächstes Mal dran kommen?" Oder: "Es ist schwierig, hier aufzuhören; ich kann mit Ihnen einen neuen Termin vereinbaren; ich möchte hier abschließen, weil eine andere Aufgabe (ein anderer Klient) auf mich wartet." Oder: "Ich finde, wir haben heute sehr angestrengt gearbeitet (und Fortschritte erzielt); ich möchte weder Sie noch mich überfordern und deshalb jetzt aufhören."

Praktische Übung

Übung
Bitte **erproben** und erfahren **Sie im Rollenspielen** (Weber 1991, S. 141), wie Sie unter erschwerten Bedingungen ein Gespräch abschließen. Dabei soll ein Gruppenmitglied in die Rolles eines hysterischen Klienten schlüpfen und immerzu neue Themen auftischen, oder sich sehr depressiv und saugend verhalten.

4. Der Klientenzentrierte Ansatz

Die **Gesprächspsychotherapie** (Klientenzentrierte Psychotherapie) und **Klientenzentrierte Gesprächsführung** (Beratung) gehen auf den Amerikanischen Psychologen Carl R. Rogers (1902-1987) zurück. Auf der Basis persönlicher Erfahrungen als Psychotherapeut und erstmals auch anhand umfangreicher empirischer Untersuchungen gelang es ihm in den 40er (Rogers 1942) und 50er (Rogers 1951) Jahren, die **wesentlichen Merkmale psychotherapeutisch hilfreicher Gespräche** zu beschreiben:

1. Der Berater begegnet dem Klienten mit unbedingter positiver Beachtung (bedingungsloser Annahme), d.h. er betritt die Erlebniswelt des Klienten ohne Vorurteile und Bewertungen, so daß der Klient sein Erleben angstfreier und weniger verzerrt zulassen und ausdrücken kann (**"Wertschätzung und warme Anteilnahme"**).

2. Der Berater bemüht sich, den inneren Bezugsrahmen des Klienten mit seinen gefühlsmäßigen Komponenten und Bedeutungen genau wahrzunehmen und seine Wahrnehmungen dem Klienten mitzuteilen. Die Selbstexploration (gefühlsmäßige Durchdringung und Selbsterforschung) des Klienten wird gefördert und er kann seine Erlebniswelt und deren Bedeutungen vollständiger erfahren.
(Einfühlendes Verstehen dem Klienten konkret erfahrbar und erlebbar machen durch: **"Verbalisierung emotionaler Erlebnisinhalte"**).

3. Der Berater ist kongruent, er kann sein eigenes Erleben vollständig wahrnehmen und in den therapeutischen Prozeß einbringen, wenn dies angezeigt ist. Es besteht kein Widerspruch zwischen Fühlen und Sagen. Die Kongruenz (Echtheit) des Beraters trägt wesentlich dazu bei, daß ein vertrauensvolles Verhältnis entsteht und erhalten bleibt (**"Echtheit und Selbstkongruenz"**).

In den 60er Jahren wurde die **Gesprächspsychotherapie** durch den Hamburger Psychologen Reinhard Tausch in der Bundesrepublik Deutschland eingeführt.

Die **philosophisch-anthropologischen Grundlagen** dieses ganz an der Person des Klienten orientierten Konzeptes des **Klientenzentrierten Ansatzes** sind:

- Vertrauen in die positiven selbstregulierenden Kräfte des Menschen
- Leben als Prozeß permanenter Wandlung
- Eigenverantwortlichkeit des Menschen
- Akzeptanz individuell unterschiedlicher Lebensformen
- Vertrauen in persönliche Erfahrung als Quelle von Erkenntnis.

Sie charakterisieren ein **Menschenbild**, das auch außerhalb des klinisch-wissenschaftlichen Raumes an Bedeutung gewinnt und das sich als soziale Bewegung und politische Strömung artikuliert.

Abgrenzung von "Beratung" und "Therapie"
Rogers unterscheidet nicht zwischen **"Beratung"** (Klientenzentrierte Gesprächsführung) und **"Therapie"** (Gesprächspsychotherapie), weil für eine erfolgreiche Durchführung in beiden Formen die **drei** grundlegenden Haltungen **(Variablen):** Wertschätzung/warme Anteilnahme, Verbalisierung emotionaler Erlebnisinhalte, Echtheit/Selbstkongruenz realisiert sein müssen.

Hingegen ist hinsichtlich der fachlichen Kompetenz durchaus auch beim Klientenzentrierten Ansatz zwischen "Beratung" und "Therapie" ein deutlicher Niveauunterschied zu sehen.
Dem trägt auch die GWG (Gesellschaft für Wissenschaftliche Gesprächspsychotherapie e. V.) in ihren Ausbildungsrichtlinien Rechnung. So sehen die Ausbildungsrichtlinien für die "Klientenzentrierte Gesprächsführung" 300 Ausbildungsstunden und einen Zeitraum von etwa zwei Jahren vor, während die Ausbildung zum "Gesprächspsychotherapeuten" fünf Jahre dauert und 1240 Ausbildungsstunden umfaßt (GWG-Zeitschrift, Okt. 1992).

Vorbemerkung zum Lernstoff von Kapitel 4:
Die nachfolgenden Abschnitte des Kapitels 4 bieten eine praxisnahe Einführung in die **Klientenzentrierte Gesprächsführung** (Beratung).
Im Zentrum der Vermittlung und des praktischen Einübens stehen **die drei grundlegenden Verhaltensweisen (Variablen) der Klientenzentrierten Gesprächsführung** und Gesprächspsychotherapie: Wertschätzung und warme Anteilnahme, Verbalisierung emotionaler Erlebnisinhalte, Echtheit und Selbstkongruenz.

Diese drei Variablen gehören engstens zusammen, sollten also vom Berater gleichzeitig, gleich stark und gleich gut angeboten werden. Man kann sie mit einem Tisch vergleichen, der drei Standbeine hat. Alle drei Beine müssen gleich lang oder gleich stark sein, wenn das nicht der Fall ist, steht der Tisch schräg und kann umkippen.
Nur wenn der Berater mit **allen drei Variablen zugleich und gleich gut arbeitet,** erzeugt er für sich selbst und für den Klienten eine *optimale Basis*.

4.1. Einführung in die Praxis der Klientenzentrierten Gesprächsführung

Zur Einstimmung in die Methode und Praxis des Klientenzentrierten Ansatzes werden Ihnen drei Gesprächprotokolle vorgestellt.
Lesen Sie die Protokolle aufmerksam durch und lassen Sie das Gesprächsgeschehen vorerst nur auf sich einwirken.

Gesprächsprotokoll "Seemann"
(Vrolijk/Dijkema/Timmerman 1973, S. 80-83)

Berater: "Sie haben mich angerufen, weil Sie mit mir sprechen möchten?"

Klient: "Ja, wirklich, das war so ein ganz spontaner Entschluß. Sehen Sie, das ist so: ich spreche nicht gern über mich selbst, ich glaube, ich bin ziemlich verschlossen. Aber das ist ein Problem, das ich schon so lange mit mir herumschleppe; ich werde damit nicht allein fertig. Mit meinen Freunden kann ich auch nicht darüber sprechen; ich habe auch nicht sehr viele Freunde, und außerdem sind die auch gar nicht erreichbar.
Ich war Seemann, nicht, und die Freundschaften, die ich von daher habe, die sind ganz in Ordnung, aber meine Freunde sind jetzt alle unterwegs. Das ist nämlich so: Ich bin jetzt Maschinist, schon seit vier Jahren, und die Arbeit, na ja, die gefällt mir nicht so recht, nicht? Habe ich mir ja auch nicht selbst ausgesucht, nämlich ... meine Frau wollte das. Das ist so: Vor fünf Jahren habe ich geheiratet, und damals fuhr ich noch zur See, und damit wollte ich auch nicht aufhören. Das Leben auf See hat mir gefallen. Aber für meine Frau ging das einfach nicht. Ich habe sie gesehen, und ich war ... nun ich fand sie ... das war, also ähhh ... meine Freunde waren auch alle ganz hingerissen von ihr, ehrlich, jeder. Sie ist nun mal unheimlich dufte. Und dann habe ich sie ja auch geheiratet, und dann ging ich wieder auf See. Aber das ging schief. Sie schrieb mir immer ganz traurige Briefe, die habe ich gar nicht verstanden, ich wußte überhaupt nicht, was sie wollte.
Und dann wurde das ganz schlimm, da hat sie mir sogar Telegramme geschickt, ob ich nicht nach Hause kommen kann. Nee, das war ja nun nicht drin. Wenn man unterwegs ist, dann kann man nicht einfach so raus, die haben ja nicht so ohne weiteres Ersatz für einen. Na, im passenden Augenblick habe ich an die Reederei geschrieben, bin nach Hause zurück und dann habe ich abgemustert."

Berater: "Hmmm."

Klient: "Bloß, da fing das Elend eigentlich erst richtig an. Meine Frau wollte immer mehr, so wie ich das sehe, wo doch eigentlich ich ein Opfer gebracht habe."

Berater: "Ja."

Klient: "Und das hat mir gar nichts ausgemacht, weil ich sie ja sehr liebte. Ich liebe - ja nun kann ich eigentlich nur wenig dazu sagen, ich weiß das auch nicht so genau. Ich werde sauer, wenn ich zu Hause nie was tun darf. Wenn ich mir eine Pfeife anmache, meckert sie wegen der frischgewaschenen Gardinen, meinen Schnaps muß ich heimlich trinken, ich muß, ähhh ..."

Berater: "Nun, Sie wollen sagen: Ein Opfer habe ich gebracht, gut, aber wenn das jetzt immer so weitergeht und gar kein Ende abzusehen ist, das wird mir ..."

Klient: "Ja, genau."

Berater: "Daß Sie sich sagen: Ich habe mit dem Seemannsleben aufgehört, das war sehr schwer für mich und ich habe nie ganz verstanden, warum das sein mußte. Aber gut - dazu waren Sie bereit, aber so langsam haben Sie das Gefühl, Sie haben überhaupt kein eigenes Leben mehr."

Klient: "Ja, ganz genau."

Berater: "Es bleibt gar nichts mehr für Sie."

Klient: "Ja."

Berater: "Und das, was Sie wirklich brauchen ..."

Klient: "Es ist ganz unmöglich, das meiner Frau zu erklären, die wird dann bockig, verstehn Sie?"

Berater: "Hmmm."

Klient: "Ich kann einfach nicht darüber reden, ich überlege und grüble, das Einzige, was ich tun kann, ist, Schluß zu machen, aber was habe ich dann noch, nicht, dann, bin ich genauso weit wie vor vier Jahren, dann stehe ich wieder auf der Straße. Ich glaube, es würde mir dann auch nicht mehr so viel Spaß machen, zur See zu fahren, weil ich genau weiß, daß ich mir das alles jetzt viel schöner vorstelle, als es wirklich ist; aber vor allem, weil es zu Hause nicht so gut lief, weil ..."

Berater: "Hmmm."

Klient: "Ich weiß nicht mehr, was ich machen soll. Meine Arbeit gefällt mir eigentlich immer weniger, ich äh ..."

Berater: "Sie sagen: Einerseits geht das so nicht weiter, über kurz oder lang kracht es ..."

Klient: "Ja."

Berater: "Aber andererseits haben sie auch wieder Angst davor, daß es kaputtgeht. Sie haben dann das Gefühl, so mit ganz leeren Händen dazustehen. Ich habe die Seefahrt aufgegeben, und nach allem, was war, werde ich das Gleiche nie mehr mit so viel Begeisterung erleben können."

Klient: "Jaja."

Berater: "Ich stehe wieder alleine da, bin wieder Junggeselle. - Und dann haben Sie das Gefühl, das waren eigentlich verlorene Jahre."

Klient: "Ja, und ich habe zwei Kinder, die ich furchtbar gern habe, mit denen ich gut klarkomme. Sie sind noch klein, und das sind natürlich Dinge, die mich festhalten. Aber dann ist es auch wieder so viel, was ich alles aufgeben muß: Ich darf nicht in die Kneipe, darf ich einfach nicht, deswegen habe ich schon fürchterlichen Krach gehabt, daß sie mich aus der Kneipe rausgezerrt hat und so. Das ist schrecklich, ich möchte gern einen Weg finden, wie ich mit ihr darüber sprechen kann, aber das geht einfach nicht. Aber ... ähhh, ich kann das ja auch nicht, ich werde dann immer gleich so furchtbar sauer."

Berater: "Da ist so viel passiert ..."

Klient: "Schrecklich!"

Berater: "Da hat sich schon so viel angesammelt, nicht. Ein ruhiges Gespräch ist Ihrer Meinung nach gar nicht mehr möglich?"

Klient: "Nee, das ist wirklich nicht mehr drin."

Berater: "Und doch muß da irgend etwas geschehen."

Klient: "Jaja. Ja, und denn habe ich sie geprügelt, nicht, das ist auch eigentlich jetzt der Anlaß; ich habe mich gehenlassen und ihr gewaltig eine gelangt, und nun wohnt auch noch meine Schwiegermutter mit bei uns."

Berater: "Als so eine Art Wachhund."

Klient: "Ja, genau. Und nun ... das ist nun, jetzt mache ich überhaupt alles verkehrt, jetzt bin ich dauernd der Prügelknabe."

Berater: "Wenn ich Sie recht verstehe, dann sagen Sie: Das ist eigentlich gar nicht mehr mein Haus."

Klient: "Ich werde da gerade noch so geduldet, aber nur wenn ich tue, was meine Schwiegermutter sagt."

Gesprächsprotokoll "Braut"
(Faber/Schoot 1968, S. 192-195)

Eine evangelische Mutter ist strikt dagegen, daß ihre 23jährige Tochter Betty wenige Monate nachdem sie einen jungen Mann kennengelernt hat (Henk, 28 Jahre, katholisch, einfachere Gesellschaftsschicht) zur katholischen Kirche überwechselt und diesen Mann heiratet. Aber genau das hat die Tochter, die bereits verlobt ist, im Auge. Die Mutter bittet den Gemeindepastor, in ihrem Sinne mit der Tochter zu sprechen. Die Tochter kommt freiwillig zu einem Gespräch (**B = Berater; Kl. = Klientin**).

B: "Sie wissen, daß dieses Gespräch durch den Umstand veranlaßt wurde, daß Ihre Mutter bei mir gewesen ist. Offensichtlich sind Sie auch selbst bereit, mit mir über Ihre Situation zu sprechen. Vielleicht können Sie ... selbst erst einmal etwas über die Dinge erzählen, um die es geht - soweit Sie darüber reden wollen?"

Kl.: "Ja, ich hatte, ehrlich gesagt, auch schon einmal die Absicht, Sie anzugehen. Ja, es ist wohl eine schwierige Situation ... (Kurze Pause, dann plötzlich erregt.) Warum will Mutter mir auch immer alles vorschreiben? Warum darf ich nicht selbst entscheiden? Ich werde doch selbst wissen, ob ich katholisch oder etwas anderes werden will? Ich werde doch selbst wissen, wen ich heiraten will? Mutter braucht mir doch nicht alles vorschreiben?!"

B: "Es kann Sie wütend machen, daß Ihre Mutter Ihnen nicht die Freiheit läßt, Ihren eigenen Weg zu finden."

Kl.: "Genau. Ehrlich gesagt habe ich mir noch nie so klar gemacht, daß ich sie deswegen hassen könnte. Oh, natürlich meint sie alles nur gut, aber sie hat mir in meinem Leben alles vorschreiben wollen, und nun mache ich das nicht mehr mit. Ich wähle mir meinen Mann selbst, wenn ich heiraten will, und ich schließe mich der Kirche an, die ich will."

B: "Sie sind jetzt fest entschlossen, selbst zu entscheiden und sich nichts mehr vorschreiben zu lassen."

Kl.: "Ja. Wissen Sie, schon vor ein paar Jahren wollte ich aus dem Hause und mir ein eigenes Zimmer mieten. Ich fühlte, daß das viel besser für mich gewesen wäre und auch für die ganze Situation zu Hause. Ich hatte das Gefühl, eigentlich nie so werden zu können, wie ich gern sein wollte, wenn ich bei meinen Eltern blieb. Jeden Tag gab es Spannungen und Reibereien. Aber denken sie, daß meine Eltern einwilligten? Nirgendwo hast du es besser als bei deinen Eltern, sagten sie. Vor allem: Was werden die Leute sagen, wenn du dir in derselben Stadt ein Zimmer nimmst, in der auch deine Eltern wohnen? Diese Schande darfst du uns nicht antun! Aber jetzt habe ich endgültig genug davon! Ich will raus, ich will meine Freiheit!"

B: "Sie empfinden es als Ihr wichtigstes Problem, daß Sie Ihr eigenes Leben führen möchten und dazu nicht die Möglichkeit haben, wenn Sie bei Ihren Eltern wohnen bleiben."

Kl.: "Ja, so ist es. Wissen sie, ich glaube bestimmt, daß Vater und Mutter mich lieb haben, aber sie begreifen mich zu wenig. Manchmal kommen Mutter und ich auch ganz gut zusammen aus ... "(Sie geht nun ausführlicher auf das Verhältnis mit ihren Eltern und auf die darin gelegenen Schwierigkeiten ein. Dann geht das Gespräch wie folgt weiter:)

Kl.: (Spricht jetzt ruhiger als im vorhergehenden Teil): "Ich glaube auch, daß ich viel ruhiger über meine Verlobung nachdenken könnte, wenn ich nicht mehr zu Hause wäre, und über die Frage, ob ich nun wirklich katholisch werden will."

B: "Sie haben das Gefühl, daß Sie im Augenblick nicht die richtige Atmosphäre um sich haben, um zu einer verantwortlichen, eigenen Entscheidung kommen zu können."

Kl.: "In der Tat. Vater und Mutter sind nun auf einmal so gut evangelisch und haben so viel Kritik an der katholischen Kirche. Das kann ich nicht einsehen. Als ob die Katholiken nicht auch gute Christen sein könnten. Ich hasse die antikatholische Haltung von Mutter ... Aber was ich selbst möchte, das weiß ich eigentlich noch gar nicht ... Ich weiß nicht ... Ich bin wenig religiös erzogen worden und wäre vermutlich von mir aus evangelisch geblieben, wenn ich Henk nicht kennengelernt hätte. Ich gehe jetzt regelmäßig mit ihm zur katholischen Kirche und nehme an einer Art Katechumenen-Unterricht teil. Vieles in der katholischen Kirche fesselt mich ... Aber ich komme mit mir selbst nicht ... Jedenfalls wünsche ich hierbei keine Einmischung seitens meiner Mutter."

B: "Sie finden es unmöglich, daß Ihre Eltern Ihnen hierin Vorschriften machen wollen, aber sie haben selbst nicht das Gefühl, die Sache zu übersehen, und glauben, daß Sie Ihren eigenen Weg noch entdecken müssen."

Kl.: "Ja ... und so ist es auch eigentlich mit Henk. Wenn ich manchmal etwas ruhiger darüber nachdenke, bin ich, ehrlich gesagt, auch nicht so sicher, ob wir so gut zusammenpassen. Henk sagt, er sei ganz sicher und will gern bald heiraten. Als ich mit meinen Eltern darüber sprechen wollte, waren sie sofort wütend dagegen und verweigerten mir ihre Zustimmung. Einen schrecklichen Krach hatten wir; und da dachte ich: Dann sollt ihr auch merken, daß die Zeit vorbei ist, mir Vorschriften zu machen. Plötzlich ist dann alles sehr schnell gegangen - und in zwei Monaten werden wir verheiratet sein ... (Stille) Ehrlich gesagt hätte ich selbst lieber noch etwas gewartet, bis ich mehr Sicherheit gehabt hätte ... Henk hat auch so sehr gedrängt ... Zu sehr, denke ich manchmal."

B: "Sie haben das Gefühl, daß durch die Haltung ihrer Eltern und durch Henks Drängen sich alles zu schnell entwickelt hat und daß Sie sich selbst noch unsicher fühlen im Hinblick auf die bevorstehende Heirat."

Kl.: "Ja, wissen Sie, manchmal nimmt Henk auch wenig Rücksicht auf mich. Wenn er findet, daß wir uns genug lieben und daß wir im April heiraten können, dann muß das auch geschehen. Und er will dann nicht begreifen, daß es für mich anders liegt. Das kann mich manchmal zur Raserei bringen. Habe ich denn kein Recht, es auf meine eigene Weise zu erleben?"

B: "Sie erfahren es so, daß Henk Ihnen nicht genug Freiheit läßt, hierin eine eigene Entwicklung durchzumachen, und das nehmen Sie ihm manchmal sehr übel."

Kl.: "Ja ... Manchmal denke ich: Bin ich nun verrückt, daß ich auf diese Weise von einem Käfig in den anderen gehe? ... Ich will erst einmal Zeit haben, darüber nachzudenken ... (Stille) Ich werde heut abend Vater und Mutter einfach mitteilen, daß ich mir ein Zimmer nehme. Ich frage sie nicht, ich frage Henk nicht, ich teile es ihnen mit. Und dann wollen wir einmal sehen, was wird."

B: "Sie sehen jetzt, was Sie zunächst tun wollen (Stille). Wenn Sie gern möchten, daß wir in Kürze weiter drüber reden, können Sie mich anrufen."

Gesprächsprotokoll "Student"
(Tausch 1970, S. 101-137)

Kl.: (Student, 25 Jahre, unmittelbar nach der Begrüßung): "Es geht um folgendes - eh - ich habe eine ... Lehre gemacht, habe dann das Abitur nachgeholt, und wäre jetzt oder bin jetzt im 3. Semester im Hauptfach ... und - eh - habe mich im - zu Beginn dieses Semester entschlossen - eh - umzusatteln, den einfacheren Weg zu wählen und Studienrat für ... zu werden. Jetzt fühle ich mich aber bei dieser Entscheidung nicht wohl, habe auch mit dem Gedanken gespielt, wieder zu meinem alten Hauptfach zurückzugehen, aber damit würde ich mich auch nicht mehr wohlfühlen. Jetzt weiß ich nicht, wie ich aus dieser Klemme herauskommen soll. Einereits mache ich mir den Vorwurf, du nimmst den Studienrat nur, einmal, weil vielleicht hinterher das schöne Leben kommt, weil das Studium leichter ist, also du nicht mehr soviel zu tun brauchst. Eh - mal sehen - sind das die Gründe dafür, daß du es machst, bist du vielleicht zu faul, um etwas anderes zu tun. Aber, daß es nur Faulheit alleine ist, das glaube ich nicht."

B: "Sie suchen nach den Gründen und fragen sich, was es bei Ihnen ist."

Kl.: "Ja - denn rein vom - von - von der Anlage her müßte ich sagen, ist das Studium der ... das Gegebene für mich. Nur bin ich von der Persönlichkeit her nicht mehr bereit, so viel Energie und Kraft dareinzusetzen, um - vielleicht wollen wir es mal so sagen - ich möchte auch mal etwas leben! Denn ich habe das Gymnasium gemacht, in dieser Zeit habe ich nicht viel gehabt, in der Lehre habe ich schwer geschuftet."

B: "Und das erscheint Ihnen fast zu schwer, noch sehr viel - lange Energie (Kl.: Ja) hineinzustecken (Kl.: Ja)."

Kl.: "Nun ist mir auch nicht wohl dabei."

B: "Aber wenn Sie sich entscheiden, nicht mehr soviel hineinzustecken, dann ist Ihnen auch unwohl bei der Entscheidung."

Kl.: "Ja, dann ist mir wieder unwohl, denn dann kommt es doch wieder so, wie es bisher war, dann - eh - reißt mich die Sache wieder plötzlich so mit, daß ich´s doch wieder nach und nach wahrnehme."

B: "Ja, von der Sache her fühlen Sie sich sehr angesprochen und befriedigt, und ..."

Kl.: "Nicht unbedingt - also diese - diese reine Wissenspaukerei, das gefällt mir nicht, also da bin ich ehrlich gestanden etwas enttäuscht, nicht? Wenn man sich mehr ableiten könnte und sowas, nicht, also - eh - da liegt vielleicht etwas, was mir nicht so ganz gefällt."

B: "Das macht Ihnen Schwierigkeiten, und sie hatten es sich anders vorgestellt."

Kl.: "Ja, ich meine, ich war im Beruf nicht, aber - ich fühle mich im Moment überhaupt nicht wohl."

B: "Auf einen Nenner gebracht: Sie fühlen sich absolut nicht wohl in Ihrer Haut."

Kl.: (2. Kontakt): "Ja, ich hab´ nun dieses Problem schon eine ganze Zeit, 2 Monate, und ich komme einfach nicht weiter."

B: "Mhm."

Kl.: "Ich weiß nicht, wie ich aus diesem Kreis rauskommen soll."

B: "Sie sehen keine Möglichkeit, daß es sich irgendwie - daß Sie eine Lösung finden?"

Kl.: "Nein - (kleine Pause) - ja, das hängt auch mit meiner, sagen wir mal, Gemütsverfassung oder Gemütsstimmung zusammen. Mal bin ich entschlossen, wieder zur Biologie zu gehen und zu sagen: Gebt mir wieder einen Platz, ich mach' weiter. Eine Stunde darauf denke ich: Ach nein, es ist doch besser, wenn Du's nicht machst."

B: "Sie schwanken und wechseln da in Ihrer Einstellung?"

Kl.: "Ja. Stimmt! Ich schwanke hin und her."

Kl. (3. Kontakt): "Nach irgendwelchen Feiertagen kann ich mich durchaus wieder mit einem gewissen Elan in die Arbeit schmeißen, und dann komme ich auch vorwärts. Aber dienstags fängt's schon an, ich merke das schon, dann fängt es an abzuflauen, und die Arbeitslust sinkt, und ich kann fast schon gar nicht mehr. Abends geht's einfach nicht mehr. Das ist ungefähr so, wenn ich das Lampenlicht anmache, dann setzt praktisch bei mir die letzte Lernfähigkeit aus. Dann döse ich nur über den Zeilen, dann lese ich zwar, ich fasse es nicht. - Ob es nun wirklich so vom rein Körperlichen her ist?"

B: "Sie zweifeln etwas, ob es dadurch bedingt ist?"

Kl.: "Ja, vielleicht kann es auch sein, daß ich mich irgendwie immer wieder verkrampfe, während andere Menschen irgendwie die Möglichkeit haben, die Unlust mehr zu entspannen."

B: "Sie vermuten, daß Ihre Verkrampfung, Ihr Kraftverbrauch, daß es Ihnen schwerfällt, gelöst zu sein?"

Kl.: "Ja! Ja! Wie - das also - mehr legerer machen, ja das stimmt. Denn, wenn ich meine Arbeit mache, mache ich sie meistens sehr schnell, da muß es fix gehen, und ich kann es also nicht haben, irgendwie zu trödeln, das gefällt mir nicht. Es darf auch keine zu lange Arbeit sein, wenn ich eine Arbeit von 3 bis 4 Stunden habe, dann muß ich so fix machen, daß ich sie vielleicht schon mit 2 oder 3 Stunden fertig habe, das macht mir dann Spaß, so schnell zu machen, aber nach der Zeit bin ich wirklich körperlich fertig, bin ich müde."

B: "Sie wollen besonders schnell und ohne Unterbrechung arbeiten, aber hinterher fühlen Sie sich herunter und erschöpft?"

Kl.: (4. Kontakt): "Aber ob ich später wirklich wissenschaftlich arbeiten könnte, schöpferisch tätig, sagen wir mal, ob ich schöpferisch tätig sein könnte, das bezweifle ich. Denn, wenn ich irgendwie mir etwas schaffe, es ist - ich brauche Anstoß, ich brauche also ein Vorbild, das ich dann aber variieren kann, aber ich brauche das Vorbild. Ganz aus dem Nichts kommt bei mir nichts."

B: "Ohne ein Vorbild zu leben, fällt Ihnen schwer oder Sie halten es für kaum möglich?!"

Kl.: "Ja, also ich bin - ich brauche also irgendwie so einen Leitfaden, oder ich brauche irgendeinen Menschen, an dem ich mich orientieren kann."

B: "Sie spüren, daß Ihre eigene Person Ihnen noch nicht diese Orientierung gibt?"

Kl.: "Ja, ja, ja. Um es mal ganz kraß zu sagen: Ich habe von mir nicht das Gefühl, daß ich - eh - keine Persönlichkeit bin ... -"

Kl.: "Werde ich mal was im Leben und Beruf, sollte mir was gelingen, was habe ich im Endeffekt davon? Ich bekomme natürlich irgendwie Geld oder so was, und ich werde berühmt, aber was ist wirklich da für ein Gewinn da, was habe ich davon, wenn mir die Leute sagen: Das ist ein -, der hat das und das gemacht; ich meine, ich bin dann wahrscheinlich stolz, aber was ist im Endeffekt davon da? Wenn ich 65 bin, werde ich abgeschoben."

B: "Sie fühlen, daß das keine Werte sind, für die Sie arbeiten - letztlich arbeiten oder Ziele anstreben - "

Kl.: "Ja, mhm. Es ist auch etwas - mir fehlt auch noch etwas - eh - der Kontakt mit anderen Menschen. Ich kann mich nicht richtig unterhalten. Das mag vielleicht auch daher kommen, daß ich zu ichbezogen bin und dann zu oft meine Sache mit in dieses Gespräch reinschiebe, nicht. Ich glaube jetzt sogar sicher, daß es der Grund dafür ist. Ich kann mich also wirklich nicht richtig unterhalten. Entweder - eh - es ist nicht schön zu sagen, aber entweder ziehe ich über irgend jemand her oder über eine Sache ziehe ich her, nicht?! Also das ist es dann auch, daß mir also, daß ich da nicht nüchtern über eine Sache reden kann. Das ist dann auch ichbezogen. Und es ist - ich meine, ich merke, es auch, daß ich also kein echtes Gespräch führen kann. - 13 Sek. Pause - - Kommt allerhand raus, wenn ich so mal im Reden bin?!"

B: "Sie - verstehe ich Sie richtig, Sie sind fast etwas verwundert, daß - (Kl.: Ja) ..."

Kl.: (Schlußkontakt, 7. Kont., 10 Wochen nach Psychotherapiebeginn): "Ja, ich glaube, es ist soweit, daß ich mich gefangen habe und in der Gewalt habe. Das einzige, was mir noch ein bißchen Kummer macht, ist, daß es mit dem Lernen noch nicht ganz so richtig klappt. Jetzt muß ich wieder so viele Bücher lesen, dann eine Prüfung vorbereiten; aber es ist nicht mehr gar so schlimm wie früher. Das rein theoretische Lernen, der Lernprozeß an sich, das läuft an, aber das ist nicht so richtig; ich glaube, daß ich mich allmählich da in die Gewalt bekomme."

B: "Sie fühlen, daß die Schwierigkeiten zwar noch da sind, aber Ihnen nicht so zusetzen?"

Kl.: "Ja. Aber ich glaube, daß ich mich im großen und ganzen gefangen habe und ich jetzt in einigermaßen vernünftigem Fahrwasser schwimme und nicht mehr dieses dauernde Hin und Her und - - "

B: "Ist es so, daß Sie ruhiger geworden sind, weniger beunruhigt von Ihrem Weg?"

Kl: "Ja, ja. Ich bin ruhiger geworden, und ich habe mich, sagen wir mal so, ich habe mich hineingepaßt, ich habe es akzepiert, auch finanziell."

B: "Sie bejahen den Weg jetzt, den Sie eingeschlagen haben, meinten Sie das?"

Aus den den drei Gesprächprotokollen, die sich an der Methode der Klientenzentrierten Gesprächsführung im Sinne von Rogers und Tausch orientieren, können wir folgende Punkte festhalten:

Was geschieht?

Der Klient (Gesprächspartner, Ratsuchende) wird vom Berater:

- aufmerksam und geduldig angehört;

- bedingungslos angenommen und ernstgenommen (mit allen seinen Schwierigkeiten, Gedanken, negativen und positiven Gefühlen, usw.);

- mit Einfühlungsvermögen verstanden in seinen Erlebnissen und Wünschen, Emotionen und Triebregungen, so daß ein freies und offenes Reden möglich wird;

- befähig, sich selbst und seine Umwelt besser wahrzunehmen und auf diese Weise neue und produktive Lösungen zu erkennen;

- angeregt zu einer entspannten Haltung und Angstminderung;

- mit der Möglichkeit konfrontiert, seine Konflikte selber zu erkennen und zu lösen;

- auf seinem Weg begleitet mit aktivem Bemühen und verantwortungsvollem Engagement;

- vor die Möglichkeit gestellt, zu Selbstbejahung und Selbstvertrauen, zu Selbständigkeit und Freiheit zu finden.

Was geschieht nicht?

Der Klient (Gesprächspartner, Ratsuchende) wird vom Berater:

- nicht nach einem allgemeinen (psychologischen oder weltanschaulichen) Schema behandelt;

- nicht ungeduldig und kurzschlüssig bedient;

- nicht moralisch gewertet oder gar verurteilt;

- nicht mit Hinweisen und Ratschlägen, Forderungen und Befehlen in die Enge getrieben;

  Solches Vorgehen könnte nur zu oberflächlichen und kurzfristigen Lösungen führen, darüberhinaus würden Unterdrückung und Verdrängung, Abhängigkeit und Unfreiheit entstehen.

Weitere Hinweise zum Verlauf und praktischen Ablauf der Klientenzentrierten Gesprächsführung.

In der Praxis können - je nach Sachlage - im allgemeinen 10 bis 100 Gespräche nötig sein, um beim Klienten eine spürbare Besserung zu erreichen. Ein Gespräch dauert etwa 50 Minuten. In der Regel findet wöchentlich ein Kontakt statt.

Besonders für den Anfänger ist es eine Hilfe, alle Gespräche auf Tonband aufzunehmen und sie dann teilweise nochmals anzuhören. In einzelnen Fällen wird ein Fachkollege hinzugezogen, ohne daß er den Namen des Klienten erfährt. Auch auf diese Weise kann sich der Berater nochmals in die Aussagen des Klienten vertiefen und das eigene beraterische Verhalten überprüfen. Nach jedem Gespräch füllt der Klient einen kurzen Stundenbegleitbogen aus und äußert darin ganz offen seine Erfahrungen innerhalb der Beratung.

Was zwischen Klient und Berater geschieht, wird vom Berater streng vertraulich behandelt.

4.2. Ansprüche an den Berater

Neben den **drei grundlegenden Verhaltensweisen (Variablen)** der Klientenzentrierten Gesprächsführung (Wertschätzung und warme Anteilnahme, Verbalisierung emotionaler Erlebnisinhalte, Echtheit und Selbstkongruenz) ist vom Berater ein hohes Maß an Selbstwahrnehmung und Selbstkontrolle, partnerschaftliche und tolerante Grundhaltung und die Fähigkeit zum aktiven Zuhören zu fordern.

4.2.1. Von der Selbstwahrnehmung zur Selbstkontrolle

Das helfende Gespräch verlangt ein hohes Maß an Selbstwahrnehmung und Selbstkontrolle. Als Berater versuche ich, mir die äußeren und inneren Einflüsse und Gefühle, unter denen ich momentan und grundsätzlich stehe, weitgehend bewußt zu machen.

Nur wenn es mir gelingt, meine eigenen Einflüsse, Gedanken und Gefühle einzudämmen oder sinnvoll zu integrieren, kann ich mich im Gespräch voll auf den Klienten konzentrieren, mein Hören, Sehen, Denken und Fühlen ganz auf meinen Gesprächspartner richten.
Sich selbst genau wahrzunehmen und ganz anzunehmen und sich im Gespräch mit dem Klienten zurückzunehmen, also ohne Projektionen und Vermischung der eigenen Situation, sich ganz den Gedanken und Gefühlen des Klienten zu widmen, setzt systematische Schulung und einen langen Lernprozess voraus.

Um das Ziel zu erreichen ist notwendig:
1. Ich praktiziere **systematische Selbstbeobachtung und Selbstwahrnehmung, Selbstkontrolle und Selbstkritik**, wobei es konkret um die Bewußtwerdung der Gefühle und Einstellungen geht, die mich prägen. Ich frage mich, "was ich nicht bin, nicht habe, nicht will, ... und was ich möchte, was ich habe und was ich bin" (Peter Handke).

2. Ich erstelle regelmäßig genaue **Gesprächsprotokolle** oder mache **Tonbandaufnahmen**.

3. **Systematische Schulung der Selbstwahrnehmung und Selbstkontrolle** durch:
- Teilnahme an einer Selbsterfahrungsgruppe,
- Teilnahme an einer Fallbesprechungsgruppe (Balintgruppe),
- Einzelsupervision (ein als Supervisor anerkannter Therapeut analysiert gemeinsam mit dem Berater dessen Gespräche),
- reglmäßiger Erfahrungsaustausch mit Fachkollegen,
- lebenslanges Lernen in Theorie und Praxis: Berater liest viele Fachbücher, besucht Kurse und überprüft seine Praxis (selbstkritische Reflexion der auf Band aufgezeichneten Beratungsgespräche).

Praktische Übungen

Zur Selbsterfahrung, Selbstwahrnehmung, Selbstkontrolle trägt es bei, wenn man häufig eine allgemeine und gezielte Momentaufnahme zur eigenen Person macht!

Übung 1

Allgemeine Momentaufnahme zur eigenen Person (Weber 1991, S. 50)**:** Notieren Sie bitte alle Einfälle und Assoziationen (auch ganz ausgefallene Gefühle und Gedanken!), die Ihnen in den nächsten fünf Minuten kommen!
Schreiben Sie Ihre Einfälle stichwortartig auf, ungeordnet und unreflektiert!

Übung 2

Gezielte Momentaufnahme zur eigenen Person (Weber 1991, S. 50f.)**:** Hier richten Sie Ihre Gedanken und Gefühle gezielt auf die Begegnung mit einer bestimmten Person oder ein bestimmtes klares Thema.
Als Ausgangspunkt könnten Sie zum Beispiel mit der Frage beginnen: Welche positiven und negativen Gedanken und Gefühle kommen mir, wenn ich an Person X denke oder mich an die Situation XY erinnere.
Sie könnten sich beispielsweise auch für fünf Minuten ein bestimmtes Musikstück anhören und dabei alle Einfälle und Empfindungen notieren, die Ihnen kommen.

Zur Vertiefung dieser Übungen trägt es bei, wenn Sie innerhalb einer Gruppe (Lerngruppe) gemacht wird. Einzelne Gruppenmitglieder sprechen dann (wenigsten teilweise) aus, was sie wahrgenommen und aufgeschrieben haben.

In **zwei weiteren Übungen** wollen wir unsere Selbstwahrnehmung schulen und uns über unsere dabei gemachten Erfahrungen austauschen:

Übung 3

Kommunikation mit den Händen (Köllner 1994, S. 89f.): (30 Min)
In dieser Übung lernen Sie, Gefühle miteinander ohne Worte auszudrücken. Sie können prüfen, wie gut Ihnen das gelingt. Sie spüren die Auswirkungen Ihres Gefühlsausdrucks mit den Händen auf Partner und können eventuelle Hemmungen vor Berührungen abbauen. Nach Abschluß der Übung können Sie Ihre Erfahrungen mit denen der anderen Gruppenteilnehmer vergleichen.

Die Arbeitsgruppe (Ausbildungsgruppe) teilt sich in Dreier- oder Vierergruppen auf und setzt sich in diesen Gruppen kreisförmig zusammen. Der Sitzungsleiter gibt folgende Anweisungen:

1. Bitte schließen Sie jetzt die Augen, konzentrieren sie sich ganz auf sich selbst und versuchen Sie, während der ganzen Übung nicht mehr zu sprechen und die Augen geschlossen zu halten. (Ca. 2 Min.)

2. Versuchen Sie jetzt, sich die linke und rechte Hand ihres Nachbarn vorzustellen, und versuchen Sie dann, die Hände zu erreichen. Versuchen Sie, mit Ihrer linken Hand die rechte Hand Ihres linken Nachbarn zu erkunden und mit Ihrer rechten Hand die linke Hand Ihres rechten Nachbarn. Wie fühlen sich diese Hände an?

3. Ich möchte jetzt, daß Sie mit Ihren Händen das Gefühl von **Neugier** ausdrücken. (Ca. 2 Min.)

4. Gefühl von **Unsicherheit** (2 Min.)

5. Gefühl von **Angst** (2 Min.)

6. Gefühl von **Ärger** (2 Min.)

7. Gefühl von **Freude** (2 Min.)

8. Gefühl von **Zärtlichkeit** (2 Min.)

9. Gefühl von **Trauer** (2 Min.)

10. Verabschieden Sie sich jetzt von den Händen rechts und links. Stellen Sie sich vor, daß sich diese Hände nie wieder treffen werden.

11. Öffnen Sie dann die Augen und sprechen Sie miteinander über die Gefühle und Erlebnisse, die Sie während der Übung hatten.

Übung 4

Gefühlsfragebogen (Köllner 1994, S. 90 f.): (30 Min.)
A (5 Min.) Jedes Gruppenmitglied füllt den nachfolgenden Gefühlsfragebogen aus. Dieser Bogen ist kein "Meßinstrument", sondern dient als Anregung zur darauffolgenden Diskussion.

	eher ja	eher nein
1. Es fällt mir schwer, meine Gefühle anderen Menschen zu zeigen.		
2. Ich erlebe oft und intensiv meine Gefühlsregungen.		
3. Ich spreche oft mit anderen über meine emotionalen Erlebnisse.		
4. Ob ich meine Gefühle zeige, hängt von den Gesprächspartnern ab.		

5. Es fällt mir leichter, meine Gefühle zu zeigen, wenn der Gesprächspartner:

....

6. Nennen sie zwei Gefühle, bei denen es ihnen besonders schwer fällt, sie zu zeigen:

a)..

b)..

7. Kennzeichnen Sie es so, wie es für Sie zutrifft:
Im Umgang mit anderen Menschen habe ich folgende Gefühle:
a) häufiger als ich es mir wünsche (+)
b) seltener als ich es mir wünsche (-)

Zärtlichkeit	Langeweile	Wunsch nach Nähe
Wohlwollen	Erstaunen	Wunsch nach Distanz
Dankbarkeit	Engagement	Verbundenheit
Angst	Verwirrung	Heiterkeit
Ablehnung	Sehnsucht	Bedrückung
Mitgefühl	Skepsis	Unwohlsein
Hoffnung	Selbstbewußtsein	Teilnahmslosigkeit
Betroffenheit	Gelassenheit	

B: Die Gruppe teilt sich per Zufallsauswahl (Nummer ziehen) in Paare auf. In diesen Paaren sollen sich die Teilnehmer gegenseitig ihren Gefühlsfragebogen erklären, wobei sie sich gegenseitig akzeptierend zuhören sollen, um damit dem Partner zu helfen, seine Gedanken und Gefühle zu klären, die das Ausfüllen des Fragebogens in ihm ausgelöst hat.
Bei dieser Übung helfen sich die Partner gegenseitig, sich noch klarer über ihren Umgang mit ihren Gefühlen zu werden. Außerdem wird Gelegenheit geboten, die Beratervariable I: "Wertschätzung und warme Anteilnahme" durch akzeptierendes Zuhören zu üben.

4.2.2. Toleranz und partnerschaftliches Verhalten

Mit der nachfolgenden **Einstiegsübung** (Köllner 1994, S. 93 f.) wollen wir uns auf das Kapitel "Toleranz und partnerschaftliches Verhalten" einstimmen.

Übung
Gruppenphantasie: "Vorurteile" (45 Min.)
Bei dieser Übung geht es darum, "hinter" dem Rücken eines anderen Vermutungen anzustellen und durch "Zuschreibungen" innerhalb eines Gruppenprozesses "Gerüchte" entstehen zu lassen.
Es geht also um die Durchführung von Handlungen, die die Ursachen des Entstehens von Vorurteilen sind und die tagtäglich im zwischenmenschlichen Miteinander "passieren". Der Unterschied zum Alltag besteht bei dieser Übung lediglich darin, daß anschließend sowohl für "Opfer" wie für "Täter" Raum und Zeit zur Stellungnahme und Reflexion geboten werden.

A: Aktionsphase (15 Min.)
Die Gruppenmitglieder heften sich gegenseitig ein noch unbeschriebenes Plakat auf den Rücken. Auf Anweisung des Sitzungsleiters stellen sie dann Mutmaßungen an über Lieblingsfarbe, bevorzugten Urlaubsort, bevorzugtes Fortbewegungsmittel und bevorzugte politische Partei der einzelnen Gruppenmitglieder und schreiben ihre Vermutungen auf den Rücken des betreffenden Gruppenmitglieds. Dabei kann es auch zu Gruppenprozessen wie der "Meinungsfavorisierung" kommen, d.h. der Mutmaßung eines Gruppenmitglieds folgen zahlreiche andere, sei es nun aus Bequemlichkeit, fehlender Phantasie, großer Suggestionsbereitschaft, geringem Selbstvertrauen oder auch aus vielen anderen, ähnlich gelagerten Gründen.

B: Reflexionsphase (25-30 Min.)
Die Gruppenmitglieder setzen sich kreisförmig zusammen und jeder betrachtet, was bei ihm auf dem Plakat stand, horcht in sich hinein, betrachtet, was es bei ihm auslöst, oder er tauscht sich, wenn ihm danach ist, kurz mit seinem Nachbarn darüber aus.

Anschließend erfolgt ein **Austausch** darüber **in der Großgruppe**.
Alle Gruppenteilnehmer nehmen nacheinander dazu Stellung, inwieweit die einzelnen Mutmaßungen auf ihn zutreffen. Zum anderen soll auf die folgenden Fragen geantwortet werden:

(1) "Wie haben Sie sich während der Aktionsphase gefühlt?"
Beispielsweise könnte es Ihnen peinlich gewesen sein, wenn Gruppenteilnehmer nicht gleich was auf Ihr Plakat geschrieben haben, oder für einen anderen war es gelegentlich eine Hilfe, sich der Mutmaßung anderer Teilnehmer anzuschließen, usw.

(2) "Was lösen die Mutmaßungen der anderen bei Ihnen aus?" Sind Sie überrascht, erfreut, erleichtert, verärgert, beleidigt?, usw."

Gedanken zu "Toleranz und partnerschaftlichem Verhalten"

Ich verhalte mich als Berater partnerschaftlich und tolerant, d.h. ich setze weder mich noch meine Maßstäbe absolut (obwohl ich persönlich feste Maßstäbe haben kann). Ich praktiziere eine demokratisch-freiheitliche Haltung, d.h. ich vermeide den autoritär-dirigistischen Führungstil ebenso wie die Haltung des "Laissez faire" ("einfach laufen lassen").

Die partnerschaftliche Haltung bewahrt mich vor besserwisserischer Selbstüberschätzung ebenso wie vor übersteigertem Verantwortungsgefühl (als ob ich alleine für alles verantwortlich wäre).

Ich akzeptiere die Andersartigkeit des anderen, und daß ich für meinen Partner nur ein Partner unter anderen bin.

Durch meine partnerschaftliche Grundeinstellung ermögliche ich dem Gesprächspartner freie und selbständige Entscheidungen und fördere seine Reifung zum mündigen, sich selbstbestimmenden Menschen.

Partnerschaftliches und tolerantes Verhalten bedeutet:
1. Ich stelle keine Behauptungen auf, ohne sie zu begründen und so einsichtig zu machen (Sachautorität!)
2. Ich ermutige den Partner zu Widerspruch und Kritik und aktiviere so sein Selbstwertgefühl und seine Eigeninitiative.
3. Ich antworte tolerant, meide Überredung und Suggestion ebenso wie ungeduldiges Drängen oder das Ausüben von Zwang.
4. Ich finde gemeinsam mit meinem Partner heraus, welches Maß an Partnerschaft er momentan braucht.

4.2.3. Partnerzentrierte Methode

Ich verhalte mich **"client-centered"** (partnerzentriert), d.h. der Gesprächsverlauf geht von meinem Partner aus, von seinem Wissen und Vermögen, insbesondere auch von seinem Unvermögen.
Ich begleite ihn hörend und sehend, verstehend und fühlend; ich verhalte mich also **"nondirektiv"** (nicht lenkend) und warte, daß Direktiven vom Partner ausgehen.

Durch mein partnerzentriertes Verhalten ermögliche ich meinem Gesprächspartner so wertvolle Tugenden wie Selbsttätigkeit und Selbständigkeit, Selbstentfaltung und Selbstgestaltung. Er wird zunehmend unabhängig, was ihn entlastet (und auch für den Berater eine Entlastung bedeutet).
Da ich mich ganz auf die Äußerungen meines Gesprächspartner zentriere, gewinnt dieser Gelegenheit und Freiheit zum Reden und Sichöffnen, Mut zum eigenen Wesen und Freiheit zur eigenen Identität.
Die im Klienten schlummernden Kräfte entwickeln sich. "Client-centered therapy" respektiert und aktiviert die Möglichkeiten und Fähigkeiten des Klienten, seine Einzigartigkeit und seine Grenzen.

Praktische Übungen

Übung 1
"Blinder Spaziergang" (Köllner 1994, S. 100-101) **(30 Min.)**
Diese Übung dient zur Sensibilisierung für partnerschaftliche und partnerzentrierte Vorgänge, ist also eine Übung zu diesem und zum vorausgehenden Kapitel 4.2.2.

Die Teilnehmer finden sich zu Paaren zusammen: Teilnehmer 1 hat die Augen auf und führt den Teilnehmer 2, der die Augen geschlossen hält, durch den Raum (Haus, Garten, Straße) T1 führt zuerst 3 bis 5 Minuten lang, so, wie er es für richtig hält. Dann führt er einige Minuten lang dominierend und autoritär (T2 wird z.B. schnell geführt). Schließlich führt bzw. begleitet er partnerzentriert (T2 bestimmt z.B. das Tempo).
T2 soll nicht wissen, wer ihn führt und während der ganzen Übung soll nicht gesprochen werden. Anschließend tauschen T1 und T2 ihre Erfahrungen aus. Ganz wichtig ist, daß jedes Gruppenmitglied die ganze Übung zweimal (oder dreimal) macht, also Erfahrungen mit verschiedenen Partnern sammelt.
Anregungen für die führende Person: Schnell gehen, langsam gehen, stehenbleiben, im Kreis gehen, rückwärts gehen, Treppen gehen, auf Stuhl steigen und wieder herunter, kriechen, sitzen, liegen (auf dem Bauch, dem Rücken, der Seite), gegen ein Hindernis (Stuhl, Wand) gehen lassen, auf den Rücken nehmen und wegtragen, auf den Arm nehmen und hochheben ...
Dem Übungsteilnehmer verschiedene Dinge in die Hand geben (oder mit der Stirn oder den Lippen berühren lassen): Bürste, Buch, Stuhlbein, Apfel, Haare, scharfen Gegenstand, Wasser, Erde, usw.

Anschließend **Aussprache und Auswertung in der Gruppe**:
- Was wurde bei der Übung erlebt?
- Welche Gefühle und Gedanken stellten sich beim Teilnehmer 1 ein, während er autoritär führte bzw. partnerzentriert handelte?
- Wie erlebt es der Klient, wenn der Therapeut im Gespräch schnell und führend ist?
- Wie erlebt der Klient eine partnerschaftliche und partnerzentrierte Gesprächshaltung?

Übung 2
Übertragung von Übung 1 auf das Gespräch: Teilnehmer 1 verwickelt Teilnehmer 2 zuerst in ein autoritär geführtes Gespräch, dann partnerzentrierte Gesprächsführung (jeweils 5 Minuten). Anschließend Rollenwechsel: T1 erlebt, daß ihn T2 in ein autoritäres Gespräch zieht, dann partnerzentrierte Gesprächsführung.
Diese Übung kann in Zweiergruppen stattfinden oder in Dreiergruppen, wobei dann ein Teilnehmer als Beobachter fungiert. Weitere Variante: Zwei Teilnehmer führen dieses Rollenspiel durch, während alle anderen Teilnehmer der Gruppe als Beobachter fungieren.

Übung 3
Bitte überlegen und **diskutieren Sie** innerhalb Ihrer Lerngruppe **folgende Fragen:**

- Inwieweit konnte ich mich auf die Informationen des Kapitels 4.2.3. konzentrieren? Inwieweit war ich auf mein Ich zentriert (egozentrisch)?
- Inwieweit spricht und arbeitet die Lerngruppe partnerzentriert?
- Wo ist mir in meinem Leben eine auf meine Person zentrierte Kommunikationsform begegnet? Wo konnte ich bisher partnerzentriert sein? Welche Auswirkungen stellten sich ein?

4.2.4. Zuhören mit Methode

Zur Einstimmung beginnen wir mit einem **"brain storming"**.

Bitte nehmen Sie sich fünf Minuten Zeit, um folgende Frage zu bedenken:
- Welche Bedürfnisse bewegen meinen Gesprächspartner und mich selber zum Reden?
- Warum erwartet mein Gesprächspartner von mir ein geduldiges Zuhören? Warum fällt mir das so schwer?

Das helfende Gespräch beginnt, steht und fällt mit dem Zuhören. Als Berater habe ich das Ziel, "ganz Ohr zu sein".
Zuhören geschieht nicht nur mit dem Ohr, sondern auch durch Sehen und Fühlen (Schäfer 1977). Ich begleite meinen Gesprächspartner hörend und sehend, verstehend und mitfühlend. Ich nehme das Nonverbale wahr, z.B. auch die Angst, die während einer Pause entsteht, oder daß etwas verschwiegen wird (Tscheulin 1972).

Zuhören bedeutet:

- **Partnerschaft**, d.h. Verzicht auf einen autoritär-dirigistischen Führungsstil.

- **Zentrierung auf den Gesprächspartner**, d.h. Verzicht auf Egozentrik und Eigenwilligkeit.

- **Annehmen, Bejahung und Wertschätzung**, d.h. Verzicht auf ganze oder teilweise Ablehnung und Verurteilung.

- **Voraussetzung für hilfreiches Rückfragen und verantwortungsvolle Stellungnahme:** der Berater kann erst reden, nachdem er zuhörte.

- **Grundlage für Selbständigkeit und Selbsttätigkeit** des Gesprächspartners.

- **Basis und Grundelement eines therapeutischen Geschehens**, z.B. im Sinne der Abreaktion.

- **Erfüllung eines menschlichen Grundbedürfnisses:** "Jeder wünscht sich ein Ohr, in das er jammern kann" (Portugiesisches Sprichwort).

Aufmerksames und ernsthaftes Zuhören kann sich verbal ("ja", "hm") **oder nonverbal** äußern (Kopfnicken, Kopfhaltung, Sitzhaltung, Mimik, Handbewegung, usw.).
Ich höre nicht nur auf den Wortlaut, sondern auch auf Wortwahl, Tonfall, Stimmlage, Sprechtempo, Sprechpausen, Bruchstellen im Gespräch, usw. Meine Aufmerksamkeit richtet sich

nicht nur auf das Hören, sondern auch auf das Sehen (Mimik, Gestik, Körperbewegung, Körperhaltung, usw.) (Tscheulin 1972).
Insgesamt gesehen sollte der Berater nach Möglichkeit weniger als 40 Prozent des Gesprächs bestreiten (Jankowski/Tscheulin/Fietkau/Mann 1976).
Es empfiehlt sich daher als Leitsatz: **"Nicht reden, sondern zuhören!"**

Als Berater rede ich nur:

- wenn der Partner sich ausgesprochen hat und nun zuhören will;

- wenn mein Reden aus dem Zuhören herauswächst und zu neuem Zuhören führt;

- wenn mein Beitrag unentbehrlich und hilfreich ist (wenn der Gesprächspartner z.B. allein nicht mehr weiterkommt);

- wenn der Gesprächspartner präzise Fragen stellt und nicht selber Antworten findet;

- wenn ich überprüfe, ob ich den Partner recht verstanden habe oder ihn noch besser verstehen muß;

- wenn ich Aufmerksamkeit, Engagement, Bejahung und Wertschätzung (verbal) dokumentieren muß;

- wenn ich verbalisieren muß, was der Partner nicht verbalisieren kann.

Praktische Übung
(Weber 1991, S. 63 f.)

Übung

Bilden Sie Dreiergruppen: zwei Gesprächspartner und ein Beobachter. Gesprächspartner A soll die Meinung vertreten, daß in der Arbeitsgruppe geraucht werden darf. Gesprächsteilnehmer B macht sich für die entgegengesetzte Meinung stark. Ehe er jedoch seine Meinung äußert, wiederholt er ganz genau, was sein Vorredner sagte.
Dann kommt wieder Gesprächteilnehmer A an die Reihe: Auch er muß zunächst die Aussagen des Vorredners wiederholen, ehe er mit seinen eigenen Argumenten kommt.
In diesem Sinne wird der Dialog fünf Minuten lang geführt. Gruppenteilnehmer C ist Beobachter und greift sofort ein, wenn etwas vergessen oder verzerrt wird.

Diese Übung findet insgesamt dreimal statt, so daß jeder Teilnehmer einmal die Rolle des Beobachters innehat.
Für die zweite Gesprächsrunde wählen Sie als Thema: Ehescheidung - Pro und Contra, für die dritte: Pro und Contra Schwangerschaftsabbruch.

Im Anschluß an diese drei kurzen Gesprächsrunden findet eine Aussprache statt, in der die Erfahrungen ausgewertet werden.

Nach dieser Aussprache **vergleichen Sie Ihre Ergebnisse mit folgenden Thesen**:

- (1) Exaktes Zuhören und Wiederholen des Gehörten fallen schwer - besonders dann, wenn ich eine andere Meinung habe als mein Gesprächspartner.

- (2) Wenn meine Aussage wiederholt wird, kann ich überprüfen, ob und inwieweit ich verstanden werde - das ergibt ein angenehmes Gefühl der Sicherheit und kann zu neuem Nachdenken und Sprechen anregen.

- (3) Es fällt schwer, auf das einzugehen, was der andere sagt: Lieber würde ich einfach meine Argumente nacheinander aufzählen.

- (4) Es fällt schwer, alle Aussagen des Partners zu wiederholen, also nicht etwas unter den Tisch fallen zu lassen, was mir nebensächlich oder unangenehm erscheint.

- (5) Wenn ich dem anderen genau zuhöre und ihn wiederhole, tritt mein Temperament etwas in den Hintergrund: Ich antworte behutsamer.

- (6) Obwohl ich das Gehörte genau wiederholen möchte, können sich verfälschende Interpretationen einschleichen.

- (7) Leicht bleibe ich an einzelnen Aussagen des Partners hängen und entwickle dazu meine eigenen Gedanken: In der Zwischenzeit sagt der Partner andere Dinge, die ich nicht mehr genau wahrnehmen und behalten kann.

- (8) Wenn ich den Gesprächspartner oder das Thema sympathisch erlebe, kann ich anders zuhören und wiederholen, als wenn ich Antipathie (oder andere negative Gefühle) spüre. Meine Gefühle spielen beim Zuhören eine wesentliche Rolle.

4.2.5. Beratervariable I: "Wertschätzung und warme Anteilnahme"

Als Berater nehme ich den Gesprächspartner **bedingslos an**, d.h. ich bringe ihm, ohne Vorbedingung oder bestimmte Voraussetzungen, Bejahung und "positive Wertschätzung" (Tausch 1970, S. 112-125 u. S. 237-250) entgegen.
Es gehört zu den Grundbedürfnissen des Menschen, ein hohes Maß an Anerkennung, Bejahung und Wertschätzung zu empfangen. Wertschätzung und Wärme erscheint so wichtig wie die Luft zum Atmen.

Wenn ich den Partner annehme und wertschätze, liegt es nahe (im Sinne des Imitationslernens), daß er sich selber auch achtet und wertschätzt, und daß er schließlich auch anderen Menschen und mir als seinem Berater Bejahung und Wertschätzung entgegenbringt.

Eine Reihe wissenschaftlicher Untersuchungen bestätigt, daß bedingungslose Wertschätzung und Wärme beim Gesprächspartner zu konstruktiven Veränderungen führen (Tausch 1973; 1970)
Rogers beschreibt das so (Rogers 1973, S. 45 f.):
"Die positiven Gefühle werden ebenso als Teil der Persönlichkeit akzeptiert wie die negativen. Dieses Akzeptieren sowohl der reifen wie der unreifen Impulse, der aggressiven wie der sozialen Einstellungen, der Schuldgefühle wie der positiven Äußerungen bietet dem Individuum ... Gelegenheit, sich so zu verstehen wie es ist. Es hat nicht mehr das Bedürfnis, seine negativen Gefühle zu verteidigen. Es hat keine Gelegenheit, seine positiven Gefühle überzubewerten. Und in dieser Situation treten Einsicht und Selbstverstehen spontan zutage. Wer selbst nie diese Entwicklung von Einsicht beobachtet hat, wird schwerlich glauben, daß Individuuen sich selbst und ihre Strukturen so wirkungsvoll erkennen können."
"Wenn die negativen Gefühle des Individuums erschöpfend ausgedrückt worden sind, folgt ihnen schwach und zögernd der Ausdruck der positiven Impulse, die das Wachstum fördern ... Je heftiger und tiefer die negativen Gefühle ausgedrückt wurden (vorausgesetzt, sie wurden akzeptiert und anerkannt), desto sicherer folgt der Ausdruck positiver Gefühle, der Liebe, der sozialen Impulse, des grundlegenden Selbstrespekts und des Verlangens nach Reife."

Die bedingungslose Wertschätzung und "warme Anteilnahme (Annahme) des Beraters ... erlaubt ... dem Ratsuchenden äußerste Ausdrucksmöglichkeiten für seine Gefühle, Haltungen und Probleme. In dieser einzigartigen Erfahrung völliger emotionaler Freiheit in einem gut abgegrenzten Rahmen vermag der Klient seine Impulse und Vorstellungen positiv und negativ so frei zu erkennen und zu verstehen, wie in keiner anderen Beziehung." (Rogers, zit. nach Faber-Schoot 1968, S. 28)

Wie artikuliert sich die Vermittlung von "Wertschätzung und warmer Anteilnahme" konkret im Beratungsalltag?

1. Ich achte und akzeptiere die Gedanken und Gefühle, Erlebnisse und Wünsche des Partners, indem ich die Beratervariable "Verbalisierung emotionaler Erlebnisinhalte" (Spiegelnde Methode) praktiziere (vgl. Kapitel 4.2.6.).

2. Positive Wertschätzung und emotionale Wärme kann ich nonverbal äußern durch Gesten der Aufmerksamkeit und Zuwendung (Kopfhaltung, Mimik, Körperhaltung, Handbewegungen, usw.).

3. Ich achte (entgegen einer einseitig kritischen Haltung) auf die guten und starken Seiten meines Gesprächspartners, um diese Seiten durch Spiegeln zu bestätigen und zu verstärken.

4. Ich achte die Individualität, die Einmaligkeit, Andersartigkeit meines Gesprächspartners, seine Freiheit ebenso wie seine Gebundenheit. Ich respektiere auch seine Rückschritte und Umwege, seine Niedergeschlagenheit und auch die Ablehnung mir gegenüber.

5. Ich lerne auch mich selbst immer mehr anzunehmen und wertzuschätzen, meine Potenzen und meine Grenzen, meine Stärken und Schwächen, mein Können und Nichtkönnen.

6. Sofern ich eine Seite des Klienten nicht annehmen und wertschätzen kann, spreche ich das in konstruktiver Weise und vor allem in der Ich-Form aus. **Beispiel**: "Ich kann Sie an vielen Punkten verstehen und akzeptieren, aber an diesem Punkt fällt es mir schwer. Ich möchte gemeinsam mit Ihnen nach einer Lösung suchen."

Praktische Übungen

Übung 1

Bitte **analysieren und beurteilen Sie** das folgende Gesprächsprotokoll (Tausch 1970, S. 115f.):

Klient: "... und ich weiß nicht, ich weiß nicht, was für ein Job mir angeboten wird. Aber -- eh --"

Berater: "Es wäre wohl nicht der beste auf der Welt."

Klient: "Ich bin sicher, daß es so kommen wird, aber --"

Berater: "Aber wenn Sie sich nicht entschließen können, einige dieser unerfreulichen Dinge zu schlucken - Sie müssen es durchstehen. Sie werden es durchstehen."

Klient:	"Gewiß ich - ich weiß schon, daß ich es tun muß, ich stehe im Begriff, es zu tun. Aber - es ist schrecklich leicht für mich, Doktor, ... in mein Schneckenhaus zu kriechen, - ich ich - überwintere. Ich - eben - kann mich eben zu nichts aufraffen."
Berater:	"Das ist Ihr Fehler" (streng).
Klient:	"Sicher, das weiß ich." (Pause) "Aber es scheint, wie wenn immer ich - hier - hier ist's - immer wenn ich so weit komme, aktive Pläne für mich zu machen, dann sagen sie, ich sei anmaßend. Ein - "
Berater:	"Mit anderen Worten, man kritisiert Sie, daß - " (**Klient**: "Ja"). "So zieht sich unsere zarte kleine Dame dann in ihr Schneckenhaus zurück." (**Klient**: "Okay, Ja") - "Wenn sie Pfeile auf mich schießen, ziehe ich mich eben zurück und komme nicht heraus."
Klient:	"So ist es."
Berater:	"Und das ist eben schlecht" (schnell).
Klient:	(Nach einer Pause): "Aber warum lassen sie mich nicht ein bißchen Pläne machen? Warum - jetzt gerade nehme ich - "
Berater:	"Weil viele Leute Sie hier überhaupt nicht gut kennen. Und weil die Leute im allgemeinen - gelegentlich - Sie müssen daran denken, daß sie töricht sein können. Sie auch. Ich meine, Sie sind gelegentlich töricht, warum sollten es die anderen Leute nicht auch sein."

Übung 2
Suchen Sie bitte **zur dritten, vierten und sechsten Klientenäußerung** Antworten, aus denen Wertschätzung und Wärme hervorgeht!

Übung 3
Übung zur Unterscheidung von fördernden und hemmenden Reaktionen (Köllner 1994, S. 58-61):
Versuchen Sie, zu den folgenden Äußerungen Antworten zu finden, die den Gesprächspartner fördern oder hemmen, um sich für die unterschiedlichen Reaktionsweisen zu sensibilisieren.

A) Beispiel
Ein Gruppenmitglied sagt zu den anderen: "Ich habe oft das Gefühl, als ob eine Wand zwischen mir und den anderen Gruppenmitgliedern besteht."

Fördernde Antworten
- "Das ist mir auch schon aufgefallen, daß wir nie so richtig zueinander finden" (Mitteilung der eigenen Gefühle und Gedanken).

- "Geht dir das bei mir auch so?" (Informationssuche):
- "Wie du das sagst, klingt das so, als ob du darüber sehr traurig bist. Stimmt das?" (Wahrnehmungsüberprüfung).
- "Du hast oft das Gefühl von Distanz zu den anderen Gruppenmitgliedern?" (Verbalisierung der gefühlsmäßigen Erlebnisinhalte).

Hindernde Antworten
- "Du bist wahrscheinlich introvertiert und gehemmt und nur deswegen hast du diese Gefühle" (Interpretation).
- "Sei doch mal etwas zugänglicher" (Ratschlag, Aufforderung).
- "Ich habe doch immer versucht, mit dir zu reden und die anderen auch. So etwas kannst du nun wirklich nicht behaupten" (emotionale Verpflichtung).
- "Du widersprichst dir. Letztes Mal hast du gesagt, daß du zu Markus ein ganz gutes Verhältnis hast" (Kampfmittel).
- "Du brauchst diese Gefühle von Distanz wirklich nicht zu haben, weil wir doch alle so freundlich zueinander sind" (Verneinung des Gefühls).

B) Übungsteil
(1) Freundespaar: Partner A zu seinem Freund: "Ich finde, wir sollten nicht zu der Party gehen. Wir kennen die Leute ja gar nicht."

Gefühl des Partners A:

fördernde Äußerung:

blockierende Äußerung:

(2) Freund zu einem Bekannten: "Am Ersten sind wieder 1000,-- DM fällig. Ich weiß gar nicht, wo ich die hernehmen soll."

Gefühl des Freundes:

fördernde Äußerung:

blockierende Äußerung:

(3) Ein Arbeitskollege zum anderen: "Also mit dem will ich nichts mehr zu tun haben, der hat mich nach Strich und Faden belogen."

Gefühl des Sprechers:

fördernde Äußerung:

blockierende Äußerung:

(4) Partner A zu Partner B: 'Ich werde dich nie wieder um einen Gefallen bitten, denn ich habe es nicht nötig, immer wie ein Bettler anzukommen."

Gefühl des Partners A:

fördernde Äußerung:

blockierende Äußerung:

(5) Freund zu einem Bekannten: "Gerade, wenn ich mich freue, mit ihm zusammen zu sein, dann geht wieder alles kaputt '

Gefühl des Freundes:

fördernde Äußerung:

blockierende Äußerung:

(6) Freund zu einem Bekannten "über seine "Neuerwerbung": "Heiner hat immer noch nicht angerufen. Meinst du, daß er noch anruft?"

Gefühl des Freundes:

fördernde Äußerung:

blockierende Äußerung:

(7) Ein Gruppenmitglied zu einem anderen nach der Wahl des Vorstands: "Ich kann es nicht verstehen, daß Frank in den Sprecherrat unserer Schwulengruppe ELISA gewählt wurde."

Gefühl des Partners A:

fördernde Äußerung:

blockierende Äußerung:

Übung 4
Überlegen Sie, wo Sie im Gespräch (mit der Lerngruppe und im privaten Gespräch) Wertschätzung und emotionale Wärme geben und empfangen konnten. Wo war es nicht möglich? Was sind die Auswirkungen?

4.2.6. Beratervariabel II: "Verbalisierung emotionaler Erlebnisinhalte" (Spiegelnde Methode)

Als Berater verwende ich die spiegelnde Methode, arbeite ich mit der **"Verbalisierung emotionaler Erlebnisinhalte"** (Tausch, 1970). Vor allem spiegle ich die **innere Erlebniswelt** des Klienten, ferner die Gefühle und Affekte, die Einstellungen und Haltungen, die Wünsche und Ziele, das "Erleben der Wirkung der eigenen Person auf andere Menschen" (Tausch 1970, S. 84) und die Wirkung von Personen und Sachen auf die eigene Person.
Häufig geht es darum, das in Worte zu fassen, was mein Gesprächspartner nicht (noch nicht) deutlich sagen kann.

Was passiert, wenn ich emotionale Erlebnisinhalte verbalisiere?

Der Klient fühlt sich mit allen seinen Aussagen verstanden und angenommen. Er kann seinen Konflikt in allen Einzelheiten aussprechen, was bereits eine erste Klärung und Entlastung beinhaltet.

Die Verbalisierung emotionaler Erlebnisinhalte des Beraters führt den Klienten zur **Selbstexploration** (Selbsterforschung), also dazu, daß er "über sich selbst, ... seine gefühlsmäßigen Stellungnahmen und Bewertungen, seine Ziele und Wünsche exploriert und sich zum Teil über sie klarer wird oder sich um Klärung bemüht" (Tausch 1970, S. 91).
Die spiegelnde Methode bietet dem Klienten Möglichkeiten, sich und seinen Konflikt wie in einem Spiegel zu sehen und mit diesen Gegebenheiten produktiv zu arbeiten.

Wenn der Berater emotionale Erlebnisinhalte verbalisiert (zurückspiegelt), so bedeutet das nicht, daß er den Äußerungen des Klienten zustimmt. Das Spiegeln ermöglicht dem Klienten, daß er seine Äußerungen und sein Wesen selbst deutlicher sieht und dann selber herausfindet, ob er sich gegenüber seinen Äußerungen (und seinem Wesen) eher zustimmend oder eher ablehnend verhalten will.

Wie wende ich als Berater die spiegelnde Methode praktisch an?

Durch die spiegelnde Methode greife ich die Äußerungen **gleichsam von der Innenseite des Klienten her** auf und teile ihm dann mit, was ich in tiefer Weise verstanden habe (Tausch 1970, S. 296 ff.).

1. **Ich spiegle vor allem:**
   - gefühlsnahe und gefühlsbetonte Äußerungen des Klienten,
   - dem Klienten nahestehende und nahegehende Äußerungen,
   - Wünsche und Ziele des Klienten,

- Einstellungen und gefühlsmäßige Bewertungen des Klienten,
- Wirkungen der Person des Klienten auf andere Menschen und Rückwirkungen von Personen und Sachen auf den Klienten.

2. Ich spiegle möglichst **alle wichtigen Klientenäußerungen** und zwar (nach Möglichkeit) gleich im Anschluß an jede wichtige Klientenäußerung.

3. Ich spiegle **kurz**, denn langatmige Verbalisierungen würden den Gedanken- und Redefluß des Klienten stören und schwer verständlich sein.

4. Ich spiegle **konkret**, indem ich spezielle und "greifbare" Äußerungen des Klienten aufnehme und so den Klienten zu weiteren konkreten, differenzierten Äußerungen ermuntere; hilfreich sind auch anschauliche, bildhafte Verbalisierungen.

5. Ich **konzentriere mich** beim Spiegeln vor allem **auf das**, was der Klient im Augenblick (**"hier und jetzt"**) erlebt und fühlt.

6. Wenn der Klient wenig von sich selber und seinen Gefühlen spricht, versuche ich herauszufinden, was das für ihn bedeutet:
- Welche gefühlsmäßigen Beziehungen hat er zu dem, was er sagte (**inneres Bezugssystem**)?
- Inwiefern betrifft ihn das persönlich? Ich spreche den Klienten in dieser Hinsicht etwa so an: "Ich frage mich, was das für Sie bedeutet", "Es beschäftigt mich, wie das auf Sie wirkt, was da in Ihnen vorgeht".

7. Ich spiegle **möglichst exakt** und zeige dem Klienten auf diese Weise, daß ich ihn genau verstehe. Wenn ich solche Exaktheit einmal nicht erreiche, kann ich mein Verbalisieren einleiten (oder abschließen) mit Redewendungen wie: "Ist das so ...?", "Wenn ich Sie recht verstanden habe ...."

8. Ich kann **halbverbal** und **nonverbal** zeigen, daß ich den Klienten in seinem Erleben und Fühlen verstehe.
Beispiele:
Bei wichtigen Klientenäußerungen reagiere ich mit "mhm" oder "ja", ich nicke mit dem Kopf oder nehme intensiven Blickkontakt auf, ich beuge den Oberkörper vor und wende mich auf diese Weise intensiv dem Klienten zu.

9. Wenn ich die Gefühle des Klienten nicht erkenne, kann ich mich mit **indirekten** (zur Not auch **direkten**) **Fragen** nach seinen Gefühlen erkundigen.

Beispiele für indirekte Fragen:
- "Ich frage mich, wie Sie das gefühlsmäßig erleben."
- "Ich versuche zu verstehen, welches Gefühl Sie in diesem Augenblick haben."

Beispiele für direkte Fragen:
- "Können sie einmal auf Ihr Inneres, auf die Stimme des Gefühls hören?"
- "Was geht innerlich vor in Ihnen?"

10. Ich beachte, daß meine **Verbalisierungen übereinstimmen** müssen **mit** meinen **nonverbalen Äußerungen** (z.B. Sitzhaltung, Sprechqualität):
Wenn es hier keine Identität und Echtheit gibt, kann mein Verbalisieren vom Klienten nicht angenommen werden.

11. Ich spiegle **neben den verbalen Äußerungen des Klienten auch die nonverbalen**, z.B. den Gesichtsausdruck, die Sitzhaltung, den Tonfall, usw.
Nonverbal äußert sich der Klient manchmal offener und weniger geschützt als verbal!

12. Ich achte darauf, daß **mein Spiegeln nicht mechanisch und fassadenhaft verläuft** oder gar eine papageienhafte Wiederholung ist.
Ich praktiziere innere Anteilnahme und aktives Bemühen, indem ich andere Worte verwende als der Klient: **Synonyme oder Antonyme**!

Einschätzungsskala der Berater- (Therapeuten-) Äußerungen

Der Amerikanische Psychologe Carkhuff (1969, S. 315) hat eine Einschätzungsskala für Berater-/Therapeutenäußerungen entwickelt. Je nach der Güte unterscheidet er folgende fünf Stufen:

Stufe 1:
Die Äußerungen des Beraters befassen sich entweder nicht mit den verbalen und nicht-verbalen Äußerungen des Klienten oder reduzieren sie deutlich, indem sie bedeutsam weniger Gefühlsinhalte des Klienten kommunizieren, als dieser selbst äußerte.
Der Berater zeigt nicht einmal, daß ihm die offen ausgedrückten Oberflächengefühle des Klienten bewußt sind. Er mag gelangweilt oder uninteressiert sein oder er geht von einem vorgefaßten Bezugspunkt aus, der den des Klienten völlig ausschließt.

Stufe 2:
Der Berater geht zwar auf die vom Klienten geäußerten Gefühlsinhalte ein, aber er läßt bemerkenswerte Affekte außer acht, die der Klient kommuniziert. Der Berater mag einiges Bewußtsein für die augenscheinlichen Oberflächengefühle des Klienten zeigen; aber seine Äußerungen setzen das affektive Niveau herab und verzerren die Bedeutung. Er mag seine eigenen Vorstellungen mitteilen, die jedoch nicht mit dem übereinstimmen, was der Klient äußert.

Stufe 3:
Die Äußerungen, mit denen der Berater auf die vom Klienten geäußerten Gefühlsinhalte eingeht, sind im wesentlichen austauschbar mit den Äußerungen des Klienten, da sie im wesentlichen dieselben Affekte und Bedeutungen ausdrücken. Der Berater mag mit treffendem Verständnis auf die Oberflächengefühle des Klienten eingehen, aber er geht nicht auf die tieferen Gefühle ein oder er mißversteht sie.

Stufe 4:
Die Äußerungen des Beraters tragen sichtbar zu dem bei, was der Klient sagt, indem sie gefühlsmäßige Erlebnisinhalte tiefer ausdrücken, als der Klient selbst es konnte.
Der Berater (Therapeut) kommuniziert sein Verständnis der Äußerungen des Klienten auf einem tieferen Niveau und befähigt damit den Klienten, Gefühle zu erfahren und/oder auszudrücken, die er vorher nicht ausdrücken konnte.

Stufe 5:
Die Äußerungen des Beraters bereichern bedeutsam die Gefühle und die Bedeutung der Äußerungen des Klienten, 1. indem sie die Gefühlsinhalte tiefer ausdrücken, als der Klient

selbst es konnte, oder 2., indem sie im Falle fortschreitender tiefer Selbstexploration des Klienten vollständig mit ihm gehen in dessen tiefsten Augenblicken. Der Berater geht mit Genauigkeit auf alle tieferen sowie oberflächlicheren Gefühle des Klienten ein. Er ist "zusammen" mit dem Klienten oder "auf seiner Wellenlänge", Berater und Klient können dazu übergehen, bisher unerforschte Bereiche menschlicher Existenz zu erforschen.

Einschätzungsskala nach Truax (schematische Kurzform, u. a. bearbeitet von Tausch 1970, S. 82 - 84):

Stufe 2:	Der Berater geht nicht auf die Erlebnisse und Gefühle des Klienten ein; er belehrt, ermahnt usw., er führt von sich aus neue Themen ein.
Stufe 4:	Der Berater verbalisiert äußere Sachverhalte und Erlebnisinhalte.
Stufe 6:	Der Berater verbalisiert nebensächliche Erlebnisinhalte.
Stufe 8:	Der Berater verbalisiert einen Teil der wesentlichen Erlebnisinhalte.
Stufe 10:	Der Berater verbalisiert den überwiegenden Teil der Erlebnisinhalte.
Stufe 12:	Der Berater verbalisiert in genauer Form alle wesentlichen Erlebnisinhalte.

Praktische Übungen

Übung 1
Stufen Sie die nachfolgenden Berateräußerungen (Tausch 1970, S. 102 und S. 43) **gemäß der Einschätzungsskala von Truax ein:**

Klientin:
Der Mann, mit dem ich nun in Verbindung stehe, - eh - der ist, möchte ich fast sagen, noch sensibler als ich, und auch den muß ich dauernd auffangen. Ich weiß nicht, ob ich Ihnen die Situation einigermaßen geschildert habe. Bloß habe ich im Augenblick das Gefühl, entweder - irgendwo - hakt es einfach bei mir aus.

Berateranworten:
(1) "Sie sollten sich mehr anstrengen, das zu überwinden."
(2) "Sie wollen jetzt Ruhe haben."
(3) "In welchen Situationen ist das der Fall?"
(4) "Sie stützen den Mann seelisch."
(5) "Sie können die Situation nicht bewältigen."
(6) "Es wird Ihnen zuviel, wenn alles so zusammenkommt."
(7) "Der Mann ist sehr labil, und das belastet Sie?!"
(8) "Es ist alles für Sie so schwierig geworden, und Sie spüren jetzt, Sie können das nicht mehr bewältigen."

Klientin:
"Und die ganze Familie, wie gesagt, macht mir, abgesehen von meiner Tochter - machen mir meine Schwester und alle auch noch den Vorwurf: Du bist dem Kind gegenüber nicht hart genug, obwohl sie aus ihren Erfahrungen mit mir ja wissen müßten, daß ich - wenn jemand zu mir kommt - zu helfen versuche. Das heißt also, sie - sie - sie verlangen da von mir eine

Haltung - das nutzt alles nichts, du mußt dich durchsetzen, und wenn du jeden Tag draufhaust. "Wo kriegt man aber das Rückgrat her, wenn man eben - oder - wo kriegt man diese - das her, wenn man's nicht hat?"

Beraterantworten:
(1) "Erzählen Sie doch bitte noch ein bißchen mehr darüber!"
(2) "Glauben Sie nicht, daß es besser wäre, wenn Sie sich in diesem Punkt nicht von Ihrer Schwester bestimmen lassen?"
(3) "Man kann alles lernen, Sie also auch, was Sie gerade Rückgrat nennen."
(4) "Wieso glauben Sie, daß Sie dieses Rückgrat nicht haben?"
(5) "Ich kann Sie verstehen, aber Sie sollten doch daran denken, was für das Kind das beste ist."
(6) "Sie haben das Gefühl, daß von Ihnen etwas erwartet wird, was Ihrer Natur zuwiderläuft."
(7) "Sie brauchen sich nicht zu bemühen, hart zu sein, wenn es Ihrer Natur nicht entspricht."
(8) "Meinen Sie, daß Sie mit Prügeln aus Ihrem Kind einen anderen Menschen machen könnten?"
(9) "Sie fragen sich, wie Sie so hart sein können, wie es die anderen von Ihnen wünschen, wo Sie doch diese Härte nicht haben."
(10) "Warum meinen Sie, daß Sie sich nicht durchsetzen? Sind Sie wirklich weich dem Kinde gegenüber?"

Übung 2

Bitte prüfen Sie bei den nachfolgenden Gesprächsausschnitten (Vrolijk/Dijkema/Timmerman, 1973. S. 85 ff.) **die Qualität der Beraterantwort.**
Im Anschluß vergleichen Sie bitte Ihr Ergebnis mit der mitgelieferten Lösung!

Gespräch 1:

Klient:
"Ich kann einen Job kriegen, mit dem ich mich enorm verbessern kann. Eigentlich war er schon mehr oder weniger einem Freund von mir zugesagt, und nun weiß ich nicht, was ich tun soll."

Berater 1:
"Das Problem sieht also so aus: Ich bekomme einen Job, mit dem ich mich enorm verbessern kann, aber ich weiß nicht, ob ich ihn nehmen kann, weil er einem Freund von mir zugesagt war."

Berater 2:
"Sie fragen sich, ob es anständig wäre, in diesem Fall den Job anzunehmen."

Berater 3:
"Wenn Sie diesen Job annehmen, haben Sie das Gefühl, Ihren Freund zu hintergehen. Schließlich war der Job Ihrem Freund bereits zugesagt."

Bewertung der Beraterantworten: Welche der folgenden drei Reaktionen des Beraters wird der Anforderung für eine angemessene Spiegelung am ehesten gerecht? ( ) Wo wird lediglich wortwörtlich gespiegelt? ( )

Gespräch 2:
Klientin:
"Meine Schwiegereltern wohnen bei uns, und das belastet mich. Es geht mir so langsam gegen den Strich, daß immer alles auf mir sitzen bleibt, weil mein Mann und meine Schwiegereltern das gar nicht so merken. Die sehen gar nicht, wie schwierig alles für mich ist."

Berater 1:
"Ihre Schwiegereltern wohnen bei Ihnen, und Sie haben alle Last zu tragen. Außerdem sehen die anderen nicht, wie schwierig das alles für Sie ist."

Berater 2:
"Sie haben richtig das Gefühl, zu kurz zu kommen."

Berater 3:
"Es ist schon schwierig, daß die Schwiegereltern bei Ihnen wohnen und gar kein Verständnis für Ihre jetzige Lage haben."

Bewertung der Beraterantworten: Welche Reaktion ist papageienhaft? ( ) Welcher Berater spiegelt am ehesten angemessen? ( )

Gespräch 3:
Klientin:
"Ja wissen Sie, diese Unruhen machen einen so ängstlich. Ich meine diese Gewalttätigkeiten, Drogen und Sex und so, ich kann gar nicht mehr richtig schlafen."

Berater 1:
"Sie machen sich Sorgen."

Berater 2:
"Das überwältigt Sie alles."

Bewertung der Beraterantworten: Welche der beiden Beraterantworten spiegeln die Gefühle der Klientin am genauesten wider? ( )

Gespräch 4:
Klient:
"Ja, ich habe ... nämlich ein seltsames Problem, ich finde ... also ich merke, daß ich die Menschen nach zwei bis drei Wochen nicht mehr mag, das heißt, ich finde sie schon nett, aber eben nicht mehr so richtig. So nach drei Wochen langweilen sie mich.
Berater: Sie finden dann gar nichts mehr."
Klient:
"Ja, so nach drei Wochen weiß ich, wie die aussehen, und was sie sagen werden ... und das möchte ich eigentlich ändern, aber ich weiß nicht, wie ich das anfangen soll."

Berater 1:
"Ihr Problem ist es, daß die Menschen Sie nach drei Wochen nicht mehr interessieren."

Berater 2:
"Die Menschen langweilen Sie nach drei Wochen."

Berater 3:
"Ja, ich verstehe, daß Sie das stört und daß Sie das Gefühl haben: Da stimmt etwas bei mir nicht, da funktioniert etwas nicht richtig bei mir oder so."

Bewertung der Berateramtworten: Welche der drei Beraterantworten spiegelt die Gefühle des Klienten am ehesten wider? ( )

Gespräch 5:
Klient:
"Ich denke oft, wenn bloß nichts passiert. - Was da eigentlich passieren soll, weiß ich selber nicht, ich habe dauernd so das Gefühl, gleich wird etwas Schlimmes passieren, etwas, ja, etwas ganz Schreckliches."

Berater 1:
"Sie haben Angst."

Berater 2:
"Dieses schreckliche, beklemmende Gefühl von ... es wird etwas passieren .. aber wann."

Berater 3:
"Sie haben Angst, daß Ihnen etwas Unangenehmes zustoßen wird."

Bewertung der Beraterantworten: Welche Beraterantwort spiegelt konkret und treffend (ohne vage Umschreibung!) die Gefühle des Klienten wider? ( )

Lösungen zur Übungsaufgabe 2

Gespräch 1 (G1):
Berater 2 spiegelt am ehesten die Gefühle des Klienten wider.
Berater 1 spiegelt papageienhaft.

G2:
Die Reaktion von **Berater 1** ist papageienhaft.
Berater 3 spiegelt zwar nicht wortwörtlich, aber trotzdem vorwiegend den Inhalt wider.
Die Reaktion von **Berater 2** ist auf die Gefühle der Klientin gerichtet.

G3:
Die Reaktion von **Berater 2** gibt die Gefühle der Klientin am genauesten wider.

G4:
Die Reaktion von **Berater 3** spiegelt die Gefühle des Klienten am ehesten wider.
Die Antworten von **Berater 1 und 2** sind bloße Widerholungen.

G5:
Berater 2 spiegelt am konkretesten die Gefühle des Klienten wider und regt den Klienten an, sich selbst zu erforschen.
Angst haben ist ein komplexes, undefinierbares Gefühl, darum ist es vom **Berater 1** völlig falsch, für die Spiegelung nur den Gebrauch dieses Wortes zu verwenden. Auch **Berater 3** spiegelt die Gefühle des Klienten nicht konkret genug wider.

Übung 3

Bitte notieren Sie zu den nachfolgenden Klientenäußerungen jeweils **eine spiegelnde Antwort** (Faber-Schott, 1968). **Stufen Sie anschließend** Ihre Lösungsversuche gemäß der Einschätzungsskala von Truax ein.

Klientin:	(Klientin ist 69 Jahre alt, Landfrau, ledig): Ich hoffe nicht, daß Sie mich albern finden, Herr Pfarrer, wenn ich Ihnen erzähle, was mich bedrückt.
Berater:	

Klientin:	Ich komme nicht damit zurecht, ich kann nicht darüber hinwegkommen, daß mein Bruder gestorben ist.
Berater:	

Klientin:	Es ist, als ob das Leben keinen Sinn mehr hat.
Berater:	

Klientin:	Wenn man nach Hause kommt, fällt die Leere immer wieder auf einen.
Berater:	

Klientin:	Ist das Sünde, Herr Pfarrer, wenn man so etwas sagt?
Berater:	

Klientin:	(Klientin ist 50 Jahre alt, Hausschneiderin, hat eine schwere Operation hinter sich und liegt im Krankenhaus): Ich muß mich immer übergeben. Ich bin noch nicht viel wert.
Berater:	

Klientin:	Ab und zu komme ich wohl aus dem Bett, aber ich bin noch zu krank.
Berater:	

Klientin:	Ich behalte den Kopf oben. Ich lasse den Mut nicht sinken.
Berater:	

Klientin:	Ich mag eigentlich die älteren Schwestern lieber als die jüngeren. Die sorgen noch nicht richtig für einen. Sie lassen einem die Schüssel einfach unter der Nase stehen, wenn man sich übergeben hat. So etwas tut eine ältere Schwester nicht. Abends, wenn man gerade im Schlaf liegt, drehen sie einem plötzlich das volle Licht an. So etwas tut man nicht, wenn man an seinen Mitmenschen denkt.
Berater:	
Klientin:	So eine ältere Schwester, die sieht mehr, die sorgt mehr für einen. Das hat man nötig.
Berater:	
Klientin:	Wir haben hier vorigen Donnerstag eine Abendmahlsfeier gehabt. Ich habe auch daran teilgenommen. Es war in dem andren Saal. Wir wurden in unseren Betten dorthin gefahren. Ja, gerade im Krankenhaus hat man ein stärkeres Bedürfnis danach. Man empfindet dann mehr dabei.
Berater:	

Klientin:	Der Arzt hat meinen Sohn gefragt, ob ich gehofft hatte, zu Ostern nach Hause zu kommen. Er habe mich oft so still nach draußen blicken sehen. Er fürchtete, ich grübelte zuviel.
Berater:	
Klientin:	Ich verstehe, daß ich noch nicht nach Hause kann. Ich würde nur zur Last fallen. Mein Blut muß erst ganz in Ordnung sein. Man ist hier auch nicht schlecht aufgehoben.
Berater:	

Übung 4

Nachstehend finden Sie zu insgesamt neun Klientenäußerungen jeweils **fünf Berater-antworten**. Dabei ist (mit Ausnahmen!) gutes Beraterverhalten (Therapeutenverhalten) angestrebt - offenbar gibt es hier vielfältige Ausformungen. **Bitte prüfen Sie, inwieweit die Beraterreaktionen (Therapeutenantworten) gut sind.** Überlegen Sie ferner, inwieweit diese Beraterantworten **Modellcharakter für Ihre Praxis haben** (Weber 1991, S. 81-84).

Ausschnitte aus einem Gespräch mit einem Ingenieur, 30, verheiratet, 1 Kind:

Klient:
"Bei mir gibt es da ein stark retardierendes Moment. Ich kann mich nicht entscheiden, ich lasse mich lieber in Entscheidungen hineindrängen. Im Beruf und privat werde ich oft an die Wand gedrängt."

Berateranworten:

Berater 1:	Sie möchten da mehr Widerstand leisten können.
Berater 2:	Sie haben spontan keine eigene Meinung und fühlen sich dann oft überrollt.
Berater 3:	Sie erleben sich da als recht schwach, und darunter leiden Sie.
Berater 4:	Es fällt Ihnen schwer, Ihre persönlichen Interessen und Bedürfnisse anderen gegenüber zu behaupten.
Berater 5:	... daß Sie da zu kurz kommen mit Ihren Wünschen.

Klient:
"Wenn ein Mädchen mich liebt, gehe ich darauf ein, aber ich selbst werde nicht aktiv, ich kämpfe nicht um eine Frau."

Berateranworten:

Berater 1:	Sie fragen sich, wie Sie da mehr aus sich herausgehen könnten.
Berater 2:	Ist es so, daß Sie da irgendwie keine Lust haben, oder aber Angst empfinden?
Berater 3:	Sie scheuen sich davor, Ihre Gefühle deutlich zu zeigen.
Berater 4:	Sie leiden unter Ihrer Passivität.
Berater 5:	Irgend etwas lähmt Sie dann.

Klient:
"Wenn ich in einer Gruppe bin, spiele ich immer die neutrale Mitte. Von Sympathie oder Antipathie spreche ich nie. Wenn andere Menschen aktiv und emotional werden, erscheint mir das immer als Marionettentheater."

Berateranworten:

Berater 1:	Es scheint Ihnen so fremd, wenn die anderen lebhaft werden.
Berater 2:	Sie fühlen sich nur wohl, wenn Sie und die anderen zurückhaltend sind.
Berater 3:	Sie scheuen sich davor, Ihre Gefühle deutlich zu zeigen.
Berater 4:	Gefühle auszusprechen, das stößt Sie ab.
Berater 5:	Es fällt Ihnen schwer, Gefühle zum Ausdruck zu bringen.

Klient:
"Meine Liebe zu meiner Frau ist geringer als ihre zu mir. Ich könnte es verkraften, wenn meine Frau einmal fremd ginge. Sie würde mir das niemals zugestehen."

Berateranworten:

Berater 1:	Ist es so, daß Sie das etwas beschämt?
Berater 2:	Sie fühlen sich nicht so stark gebunden an Ihre Frau.
Berater 3:	Hier klafft etwas auseinander, und das belastet Sie.
Berater 4:	Das wirkt auf Sie beunruhigend und bedrohend.
Berater 5:	Sie empfinden für Ihre Frau nicht so viel, wie Ihre Frau für Sie.

Klient:
"Ich habe geheiratet, weil es meine Frau wollte. Ich wußte damals nicht genau, was ich wollte. Ich erlebe meine Ehe manchmal als Fessel. Ich muß mehr Liebe schenken, als ich kann."

Berateranworten:

Berater 1:	Von Anfang an bis zum heutigen Tag ist es so eine Überforderung für Sie.
Berater 2:	Sie spüren, daß Sie da irgendwie ausgesogen werden.
Berater 3:	Das bedrückt Sie, und insgeheim müssen sie Ihrer Frau Vorwürfe machen.
Berater 4:	Sie fühlen sich überfordert und wünschen sich mehr Freiheit.
Berater 5:	Das ist zeitweise wie ein Joch, das Sie abschütteln möchten.

Klient:
"Ich kann meine Persönlichkeit nicht entfalten, ich kann am Wochenende nicht tun, was ich will. Meine Frau macht hier nicht mit, es kommt dann zu Szenen, schließlich resigniere ich.'

Berateranworten:

Berater 1:	Sie spüren, daß da noch viel mehr in Ihnen steckt, das aber im Moment wie eingesperrt ist.
Berater 2:	Manchmal wollen sie sich freiboxen, aber das will und will nicht funktionieren.
Berater 3:	Das macht Sie ziemlich fertig.
Berater 4:	Sie können Ihre persönlichen Interessen einfach nicht durchsetzen.
Berater 5:	Das bedeutet, daß Sie an allen Ecken und Enden eingeengt sind.

Klient:
"Meine Frau hat da so idealistische Vorstellungen, daß man alles gemeinsam tun müßte. Sie stellt sich eine Ehe sehr ideal vor. Ich beurteile das manchmal als unreif, fast krankhaft."

Berateranworten:

Berater 1:	Sie haben da ganz andere Vorstellungen.
Berater 2:	Sie können mit den Wünschen Ihrer Frau wenig anfangen, Sie wollen aber Ihren eigenen Weg gehen, eine private Ecke haben.
Berater 3:	Sie fühlen sich dann so ganz fremd neben Ihrer Frau.
Berater 4:	Sie fühlen sich durch Ihre Frau zu Gefühlen gezwungen, die sie einfach nicht aufbringen können.
Berater 5:	Sie sehnen sich nach mehr Bewegungsfreiheit.

Klient:
"Wenn meine Frau großzügig wäre und mir Freiheit ließe, würde das gut auf mich wirken. Aber sie wünscht, daß ich jede freie Minute für sie und den Sohn verwende - ich liebe meinen Sohn. Wenn ich am Sonntagmorgen Sport machen will, will sie liegen bleiben. Wenn ich mit Freunden wandern will, soll ich unseren Sohn mitnehmen."

Berateranworten:

Berater 1:	Irgendwie fühlen Sie sich da ständig gegängelt.
Berater 2:	Wenn Sie mehr Spielraum hätten, wären Sie Ihrer Frau dankbar und könnten richtig aufleben.
Berater 3:	Daß Sie da eigentlich in Ihrer Ehe Ihre Bedürfnisse nie erfüllt bekommen.
Berater 4:	So eingeengt, macht Ihnen Ihr Leben und Ihre Ehe wenig Freude.
Berater 5:	Sie sehnen sich nach mehr Bewegungsfreiheit.

Klient:
"Durch ihr Gängeln erreicht meine Frau bei mir genau das Gegenteil. Wenn sie weniger Zwang anwenden würde, könnte ich mehr auf sie eingehen, könnte ich auch den Zwang zur Heirat überwinden. Aber sie will mich ganz, oder sie will die Scheidung."

Berateranworten:

Berater 1:	Dieser Druck, den Sie da spüren, erschreckt Sie und empört Sie.
Berater 2:	Dieses extreme Vorgehen geht Ihnen so sehr gegen den Strich, daß Sie kaum mehr einlenken können,
Berater 3:	Sie fühlen sich da richtig ausgeliefert.
Berater 4:	Sie erleben das als starke Einengung, so daß Sie kaum noch eigene Gedanken und Gefühle haben können.
Berater 5:	Wenn Ihnen Ihre Frau entgegenkäme, fühlten sie sich wohler in Ihrer Haut und in Ihrer Ehe.

Übung 5

Ziel der folgenden Übung (Weber 1991, S. 85) **ist**, daß Sie sich in einer vorläufigen Weise im **Verbaliseren emotionaler Erlebnisinhalte üben und dabei Ihren Sprachschatz erweitern.** Stellen Sie sich vor, Ihr Klient spricht über seine Gefühle und gefühlsmäßigen Einstellungen. Aus der Äußerung geht hervor, daß er ärgerlich ist. Diese Empfindungen wollen Sie nun spiegeln: Notieren Sie Wörter, die dem ärgerlich sein (zornig sein, wütend sein, usw.) entsprechen, bzw Wörter, die in etwa das Gegenteil ausdrücken (gelassen sein, sich ausgeglichen fühlen).

Empfindung	Synonym	Antonym
1. ärgerlich sein		
2. zufrieden sein		
3. sich geborgen fühlen		
4. ängstlich sein		
5. sich zurückgewiesen fühlen		
6. sich betrogen fühlen		
7. sich allein fühlen		
8. mutig sein		
9. Beklemmung verspüren		
10. Stimmungsschwankungen verspüren		
11. bedrückt sein		
12. sich anders als andere erleben		
13. sich impotent fühlen		
14. sich unbeweglich fühlen		

Empfindung	Synonym	Antonym
15. sich ausgelacht fühlen		
16. träge sein		
17. Schmerz verspüren		
18. völlig leer sein		
19. hoffnungsvoll sein		
20. herzlich sein		
21. dankbar sein		
22. zärtlich sein		
23. nichts leisten können		
24. unsicher sein		
25. stolz sein		

Übung 6

Hier finden Sie **zu fünf Klientenäußerungen verschiedene modellhafte Beraterantworten** (Weber 1991, S. 86-92). Im ersten Abschnitt antwortet der Therapeut mit *Synonymen*, dann mit *Antonymen*, anschließend verbalisiert er *Wünsche des Klienten* und bietet dann *Anregungen und Impulse* an.

Kreuzen Sie bitte die Berateräußerung (Therapeutenäußerung) an, die Sie für besonders hilfreich halten!

Ehe Sie beginnen, notieren Sie bitte eine spiegelnde Antwort zu den fünf Klientenäußerungen!

Beispiele für synonyme Berateräußerungen

Klientin:
(Lehrerin, 42 Jahre, geschieden): "Bis vor einem Jahr habe ich gehofft, daß mein Mann eines Tages wieder zu mir zurückkehrt. Aber er fügt mir eine Enttäuschung nach der anderen zu. Und trotzdem hoffe ich manchmal noch."

Beraterantworten:

Berater 1:	Sie sind erstaunt, daß Sie immer noch so an ihm hängen.
Berater 2:	Sie fühlen sich hin- und hergerissen zwischen Verzweiflung und Hoffnung.
Berater 3:	Sie fühlen sich da von Ihrem Mann sehr im Stich gelassen.
Berater 4:	... daß Sie sich wie auf einem sinkenden Schiff fühlen.

Klientin:
"Es ist ein richtiger Teufelskreis. Einmal bin ich unheimlich traurig, dann überfällt mich wieder eine große Wut. Mein Mann will von dem allem nichts wissen, er versteckt sich hinter freundlichen Worten."

Berateranworten:

Berater 1:	... daß so innerlich ein Orkan losbricht und Sie von niemand Anteilnahme spüren.
Berater 2:	Sie fühlen sich allein gelassen mit Ihren Tränen und Ihrem Zorn.
Berater 3:	Das reibt Sie auf, das macht Sie mürbe.
Berater 4:	Sie schwanken da zwischen Haß und Resignation, ohne einen Ausweg zu finden.

Klientin:
"Was mein Mann ist, ist er durch mich geworden. Und jetzt hat er mich auf's Abstellgleis geschoben und macht sich gemeinsam mit seiner Freundin ein schönes Leben."
Berateranworten:

Berater 1:	Sie fühlen sich abgeschoben, und das empört Sie.
Berater 2:	Sie fühlen sich jetzt von ihm ganz im Stich gelassen.
Berater 3:	... daß Sie sich ausgenützt und mißbraucht fühlen.
Berater 4:	Das enttäuscht Sie, tut Ihnen weh.

Klientin:
"Noch mehr als meinen Mann hasse ich seine Freundin, aber sie weicht mir ständig aus."
Berateranworten:

Berater 1:	... daß sie sich Ihnen gar nicht stellt, das bringt Sie noch mehr in Wut.
Berater 2:	Fast ersticken Sie daran, daß Sie Ihren Haß nicht an den Mann bringen können.
Berater 3:	Am liebsten würden Sie ihr ins Gesicht spucken, ist es das?
Berater 4:	Innerlich kommen Sie da richtig ins Kochen.

Klientin:
"Manchmal, besonders wenn ich depressiv gestimmt bin, möchte ich die beiden am liebsten zerschlagen. Aber das brächte mir auch keine Befreiung. Ich habe einen Riesenhaß, wie soll ich ihn loswerden?"
Berateranworten:

Berater 1:	Diese Wut sitzt Ihnen im Nacken, sie läßt sich nicht abschütteln.
Berater 2:	Sie möchten diese Wut gerne loswerden, aber sie beherrscht Sie richtig.
Berater 3:	Sie können Ihren Gefühlen so oder so nicht Raum geben.
Berater 4:	Dieser Haß macht Ihnen das Leben schwer und die Hölle heiß.

Beispiele für antonyme Berateräußerungen

(Der Berater drückt negativ aus, was die Klientin positiv formulierte, oder verbalisiert positiv, was die Klientin negativ ausdrückte.)

Klientin:
(Lehrerin, 42, geschieden): "Bis vor einem Jahr habe ich gehofft, daß mein Mann eines Tages wieder zu mir zurückkehrt. Aber er fügt mir eine Enttäuschung nach der anderen zu. Und trotzdem hoffe ich manchmal noch."

Beraterantworten:

Berater 1:	Sie können das nicht verstehen, daß Sie sich von ihm noch nicht lösen können.
Berater 2:	Sie kommen einfach noch nicht los von ihm.
Berater 3:	Sie haben da gar keinen festen Boden unter den Füßen, keine klare Zukunft.
Berater 4:	Trotz Ihrer Enttäuschung können Sie die Hoffnung nicht aufgeben.

Klientin:
"Es ist ein richtiger Teufelskreis: Einmal bin ich unheimlich traurig, dann überfällt mich wieder eine große Wut. Mein Mann will von all dem nichts wissen, er versteckt sich hinter freundlichen Worten."

Beraterantworten:

Berater 1:	Sie können sich diesem Teufelskreis von Trauer und Wut einfach nicht entziehen.
Berater 2:	Da ist fast nichts mehr, was Ihr Leben angenehm und lebenswert macht.
Berater 3:	... daß Sie so gar nicht das Gefühl haben dürfen, daß sich jemand um Sie bemüht.
Berater 4:	Sie können gar nicht mehr froh und gelassen sein.

Klientin:
"Was mein Mann ist, ist er durch mich geworden. Und jetzt hat er mich auf's Abstellgleis geschoben und macht sich gemeinsam mit seiner Freundin ein schönes Leben."

Beraterantworten:

Berater 1:	Über diese Ungerechtigkeit können Sie einfach nicht hinwegkommen.
Berater 2:	Ihre Zukunft erscheint gar nicht mehr sinnvoll und schön.
Berater 3:	Das alles raubt Ihnen die Freude am Leben.
Berater 4:	Dieses Weggeschobenwerden können Sie gar nicht verstehen.

Klientin:
"Noch mehr als meinen Mann hasse ich seine Freundin, aber sie weicht mir ständig aus."

Beraterantworten:

Berater 1:	Irgendwie löste sich der Druck bei Ihnen so lange nicht, wie Sie so wehrlos sind.
Berater 2:	... daß Sie so gar nichts tun und ändern können, das macht Sie so hilflos und wehrlos.
Berater 3:	Im Augenblick können Sie an diesen zwei Menschen überhaupt nichts Gutes finden.
Berater 4:	Sie können weder Verständnis noch Sympathie für diese Frau empfinden.

Klientin:
"Manchmal, besonders wenn ich depressiv gestimmt bin, möchte ich die beiden am liebsten zerschlagen. Aber das brächte mir auch keine Befreiung. Ich habe einen Riesenhaß, wie soll ich ihn loswerden?"

Beraterantworten:

Berater 1:	Diese Wut macht Sie so richtig unfrei und läßt Ihnen keine Ruhe mehr.

Berater 2:	... daß Sie diese Wut so gar nicht loswerden können und Sie so gar nicht mehr Sie selber sein können.
Berater 3:	Sie leiden darunter, daß es für Sie so gar keine Ruhe und keinen Frieden gibt.
Berater 4:	Es bedrückt Sie sehr, daß Sie keine Befreiung und Erleichterung finden.

Beispiele für Berateräußerungen, die Wünsche und Ziele des Klienten verbalisieren

Klientin:
(Lehrerin, 42, geschieden): "Bis vor einem Jahr habe ich gehofft, daß mein Mann eines Tages wieder zu mir zurückkehrt. Aber er fügt mir eine Enttäuschung nach der anderen zu. Und trotzdem hoffe ich manchmal noch."
Berateantworten:

Berater 1:	Eigentlich möchten Sie so innerlich noch nicht von ihm weg.
Berater 2:	Auch wenn es Ihnen ganz widersprüchlich erscheint, sehnen Sie sich noch nach ihm.
Berater 3:	Sie klammern sich an einen Strohhalm und würden so gerne mit Ihrem Mann in einem Boot sitzen.
Berater 4:	Sie wollen diese Enttäuschung abschütteln, Ihre Einsamkeit durchbrechen.

Klientin:
"Es ist ein richtiger Teufelskreis: Einmal bin ich unheimlich traurig, dann überfällt mich wieder eine große Wut. Mein Mann will von all dem nichts wissen, er versteckt sich hinter freundlichen Worten."
Berateantworten:

Berater 1:	... daß Sie sich so in Ihrer inneren Angst an jemand anlehen möchten.
Berater 2:	Sie haben das satt, Sie wollen das ändern.
Berater 3:	Irgendwie wollen Sie Ihre traurigen und zornigen Gefühle bei Ihrem Mann aussprechen und abladen.
Berater 4:	Um aus Ihrem Teufelskreis herauszukommen, möchten Sie gerne mit Ihrem Mann sprechen.

Klientin:
"Was mein Mann ist, ist er durch mich geworden. Und jetzt hat er mich auf's Abstellgleis geschoben und macht sich gemeinsam mit seiner Freundin ein schönes Leben."
Berateantworten:

Berater 1:	Das empört Sie so, daß Sie am liebsten dazwischenfahren würden.
Berater 2:	Das treibt Sie auf die Barrikaden.
Berater 3:	Sie wollen sich Ihr Leben nicht verpfuschen lassen.
Berater 4:	Sie möchten nicht abgeschoben werden.

Klientin:
"Noch mehr als meinen Mann hasse ich seine Freundin, aber sie weicht mir ständig aus."
Berateranworten:

Berater 1:	Sie möchten mal irgendwas tun können, das würde Ihnen helfen.
Berater 2:	Sie suchen den Schlagabtausch, das würde Sie erleichtern.
Berater 3:	Sie wollen mal explodieren, Ihre Wut herauslassen.
Berater 4:	Sie möchten so gerne eine Gegenüberstellung mit ihr erzwingen.

Klientin:
"Manchmal, besonders wenn ich depressiv gestimmt bin, möchte ich die beiden am liebsten zerschlagen. Aber das brächte mir auch keine Befreiung. Ich habe einen Riesenhaß, wie soll ich ihn loswerden?"
Berateranworten:

Berater 1:	Mal möchten Sie am liebsten auf die beiden los, mal wäre es Ihnen lieber, wenn die Wut einfach so weg wäre.
Berater 2:	Danach sehnen Sie sich so, daß Sie nicht mehr unter diesem Druck stehen.
Berater 3:	Sie suchen ein Ventil für Ihren Haß.
Berater 4:	Sie wollen diesen Ballast endlich loswerden und wieder ruhig und ausgeglichen sein.

Beispiele für Berateräußerungen, die Anregung und Impulse geben

Klientin:
(Lehrerin, 42, geschieden): "Bis vor einem Jahr habe ich gehofft, daß mein Mann eines Tages wieder zu mir zurückkehrt. Aber er fügt mir eine Enttäuschung nach der anderen zu. Und trotzdem hoffe ich manchmal noch."
Berateranworten:

Berater 1:	Sie überlegen sich, wie Sie aus diesem Hin und Her herauskommen.
Berater 2:	Ihr Warten und Hoffen erscheint Ihnen zunehmend sinnlos, ist es so?
Berater 3:	Sie überlegen manchmal, ob nicht trotz der Enttäuschungen ein weiteres Zusammenleben möglich wäre.
Berater 4:	Ich frage mich, wie Sie dieses Enttäuschtwerden überwinden könnten.

Klientin:
"Es ist ein richtiger Teufelskreis: Einmal bin ich unheimlich traurig, dann überfällt mich wieder eine große Wut. Mein Mann will von all dem nichts wissen, er versteckt sich hinter freundlichen Worten."
Berateranworten:

Berater 1:	Sie spüren: Wenn ich da mehr Anteilnahme bekäme, bräuchte es nicht so schlimm zu sein bei mir.
Berater 2:	Dieses unheimliche Auf und Ab macht Ihnen Angst, und sie suchen, wie Sie da mehr Ruhe und Gleichmäßigkeit reinbekommen können.

Berater 3:	Sie fragen zweierlei: Wie soll ich mit meinem Mann umgehen? Wie kann ich mit meiner Wut und Traurigkeit fertig werden?
Berater 4:	Es beschäftigt Sie, warum Ihr Mann sich so hartnäckig einer Aussprache entzieht.

Klientin:
"Was mein Mann ist, ist er durch mich geworden. Und jetzt hat er mich auf's Abstellgleis geschoben und macht sich gemeinsam mit seiner Freundin ein schönes Leben."
Beraterantworten:

Berater 1:	Das erscheint Ihnen alles so sinnlos, so ausweglos.
Berater 2:	Ist es so: Wenn Sie das Ganze wenigstens verstehen könnten, wäre es leichter für Sie.
Berater 3:	Sie fragen sich: Wo bleibe da ich mit meinen Interessen?
Berater 4:	Da entsteht einerseits ein Gefühl der Auflehnung, andererseits wollen Sie vielleicht resignieren, ist es so?

Klientin:
Noch mehr als meinen Mann hasse ich seine Freundin, aber sie weicht mir ständig aus."
Beraterantworten:

Berater 1:	Eine Auseinandersetzung mit dieser Frau könnte Ihnen weiterhelfen.
Berater 2:	... daß Sie so spüren: Es geht alles nur von ihr aus, und ich habe da gar nichts zu sagen.
Berater 3:	Ich frage mich, wie Ihnen nach so einer Aussprache zumute wäre.
Berater 4:	Was sich da in Ihnen angesammelt hat, können Sie einfach nicht loswerden.

Klientin:
"Manchmal, besonders wenn ich depressiv gestimmt bin, möchte ich die beiden am liebsten zerschlagen. Aber das brächte mir auch keine Befreiung. Ich habe einen Riesenhaß, wie soll ich ihn loswerden?"
Beraterantworten:

Berater 1:	Sie stehen da unheimlich unter Druck und suchen ein Ventil für Ihre schreckliche Wut.
Berater 2:	Das ist wie ein Zwiespalt: Sie können Ihre Empörung nicht einfach loslassen, und Sie können sie auch nicht einfach vergessen.
Berater 3:	Ein Zuschlagen würde Ihnen also wenig nützen. Ob andere Möglichkeiten aus diesem Hexenkessel herausführen?
Berater 4:	Dieser große Haß versetzt Sie so sehr in Angst, daß Sie nicht recht mit ihm umgehen können.

Übung 7

Sie arbeiten in einer Dreiergruppe. Teilnehmer 1 (T1) spielt einen Klienten, T2 übernimmt die Rolle des Beraters, T3 ist **Beobachter** und **meldet zurück, was ihm an den Berater-antworten positiv (!) und negativ (1) erscheint.**
Die Rollen werden nach etwa 15 Minuten gewechselt, so daß jeder Teilnehmer einmal die Rolle des Klienten, des Beraters und des Beobachters innehat. Wenn Sie möchten, können Sie auf die im **Kap. 3.1.** "Öffnung für Hoffnung und Mut" skizzierten **fünfzehn Menschenschicksale** zurückgreifen.

Übung 8

Es folgen **sieben Klientenäußerungen**. Notieren Sie bitte **zu jeder Äußerung eine Antwort, die das Gefühl verbalisiert, und eine Antwort, die Wünsche und Ziele spiegelt.**
Dann lassen Sie sich von Ihrer Arbeitsgruppe ein Feedback geben zu jeder Ihrer Antworten. Diese **Rückmeldung** erfolgt zunächst **nonverbal**: Die Gruppe sitzt im Kreis, Sie sitzen in der Mitte. Nachdem Sie Ihre Beraterantwort vorgelesen haben, überlegt sich jeder im Kreis, wie er Ihre Antwort gefühlsmäßig einstuft: Findet er Ihre Antwort nicht spiegelnd, bleibt er sitzen; erlebt er Ihre Antwort als optimale Verbalisierung emotionaler Erlebnisinhalte, stellt er sich direkt neben Sie; zwischen diesen beiden extremen Rückmeldungen gibt es viele Zwischenstufen.
Wer in der Mitte sitzt, läßt (nach Verlesen seiner Antwort) der Gruppe etwa 30 Sekunden Bedenkzeit und fordert sie dann auf, zusammen (nicht nacheinander!) "mit den Füßen abzustimmen". Er kann dann einzelne Gruppenmitglieder fragen, was sie zu eben dieser "Stellungnahme" veranlaßt hat.

Fall 1: Achtunddreißigjährige Frau (müde Stimme):
"Ich weiß wirklich nicht, was ich tun soll. Ich weiß wirklich nicht, ob ich die vom Abteilungsleiter vorgeschlagene Fortbildungsmaßnahme in EDV machen soll oder nicht. Ich könnte damit zwar meine Position im Büro verbessern und bekäme ein höheres Gehalt. Aber ich weiß nicht, ob ich den Kurs schaffe und ob mir die neue, anspruchsvollere Tätigkeit dann wirklich liegt... Ich weiß wirklich nicht, wie ich mich entscheiden soll."

Fall 2: Uwe, 17 Jahre, überlegt ob er seinen Eltern sagen soll, daß er schwul ist:
"Ich weiß nicht, ob ich meinen Eltern sagen soll, daß ich schwul bin. Auch glaube ich nicht, daß sie es so positiv aufnehmen, wie die Eltern von meinem Freund Heinz. Andererseits aber habe ich dieses dauernde Verheimlichen satt."

Fall 3: Michael, der neue Angestellte (zaghafte Stimme):
"Obwohl ich mein Bestes versucht hatte, ist der Hauptbuchhalter wütend auf mich geworden, weil ich mich bei einer schwierigen Abrechnung geirrt hatte, das hat mich ..., ich tue meine Bestes ..., ich tue wirklich mein Bestes, aber wenn er so weit geht, mir zu sagen, daß es nicht genug sei, dann zeigt mir das immer deutlicher, daß ich zu nichts tauge."

Fall 4: Thorsten (24), schwul, seit zwei Jahren mit seinem Freund Markus (37) zusammenlebend:
Also mit Markus verstehe ich mich wirklich prima und ich liebe ihn auch sehr. Aber ich kann überhaupt nicht akzeptieren, daß er gelegentlich den Wunsch hat, Sexualkontakte mit anderen Männern zu haben. Zwar sagt er immer, daß ich ihm mehr bedeuten würde als jeder andere Mann, aber wieso hat er dann solche Wünsche. Auch finde ich es merkwürdig, daß er überhaupt keine Eifersucht kennt.

Fall 5: Fünfzigjähriger Mann (gespannte, gehässige Stimme):
Nun, da ist ein Neuer in der Firma, aber er ist ein unglaublich arroganter Kerl, er weiß auf alles eine Antwort und glaubt, er hätte die Weisheit mit Löffeln gefressen. Aber, Herrgott, er hat keine Ahnung, mit wem er es zu tun hat! Der wird mich noch kennenlernen!

Fall 6: Martin, 20 Jahre, findet die Situation der Kontaktfindung in den Diskotheken ätzend:
"Irgendwie finde ich in Diskotheken die ganze Atmosphäre nicht geeignet, um locker, entspannt und angstfrei, Kontakt anzubahnen. Es liegt mir einfach nicht, dort eine Freundin zu finden."

Fall 7: Fünfundzwanzigjähriges Mädchen (gespannte, wütende und verhaltene Stimme):
"Wenn ich sie nur schon ansehe! ... Sie ist weder so attraktiv, noch so intelligent wie ich, sie hat keinen Chic, und ich frage mich, wie sie es fertigbringt, so vielen Leuten etwas vorzumachen. Warum durchschaut man bloß nicht ihr Getue? Irgend etwas gelingt ihr immer, und alle bewundern sie dann, wie sie es zustande gebracht hat. Ich halte das nicht mehr aus! Das macht mich noch verrückt! Sie bekommt alles, was sie will! Sie hat meine Stelle bekommen, sie hat Erhard bekommen, sie hat ihn mir buchstäblich entführt und hat es dann auch noch geleugnet; als ich sie zur Rede stellte und ihr meine Meinung sagte, sagte sie bloß: Es tut mir leid! Aber warten Sie, ich werde es ihr schon zeigen!"

Übung 9

Jedes Gruppenmitglied hat fünf Minuten Zeit, um eine "Momentaufnahme zur eigenen Person" zu machen: Siehe Kapitel 4.2.1. "Von der Selbstwahrnehmung zur Selbstkontrolle", Übung 1, S. 42. Anschließend geht man zu zweit eine halbe Stunde lang spazieren. Teilnehmer 1 hat nun die Möglichkeit, 15 Minuten lang zu berichten, was er sagen oder nicht sagen möchte. Teilnehmer 2 versucht, das zu spielen, was er hört. Dann werden die Rollen getauscht: Teilnehmer 2 berichtet 15 Minuten lang, der andere verbalisiert.

Diese Übung hat sich sehr bewährt und sollte deshalb immer wieder versucht werden. Sie gibt **Gelegenheit zur Selbstexploration und zum Spiegeln** (in einem kleinen und persönlichen Rahmen), sie **bietet wertvolle Selbsterfahrung** (Wie geht es mir, wenn ich mit Einfühlung verbalisiert werde?), sie kann persönliche Kontakte schaffen und zu körperlicher Entspannung führen.

Übung 10
Rollenspiel (Regieanweisungen)
Das Rollenspiel hat sich als eine sehr fruchtbare und vielseitige Möglichkeit des Übens erwiesen und sollte häufig praktiziert werden.
Bilden Sie für die nachfolgenden **drei Rollenspiele** (Vrolijk/Dijkeme/Timmerman 1973, S. 133-136) Kleingruppen von 3 bis 7 Personen. Ein Gruppenmitglied übernimmt die Rolle des Klienten, ein anderes die Beraterrolle; die übrigen Teilnehmer sind Beobachter.
Jeder Teilnehmer der Arbeitsgruppe sollte wenigstens einmal die Rolle des Klienten oder die des Beraters einnehmen!

Aufgabe des Klienten:
Der Klient schlüpft in die Rolle von "Frau Ohlsen" bzw. "Frau Madau" bzw. "Herrn Häscher". Er kann nichts falsch machen und braucht nur die jeweils beschriebene Rolle übernehmen:

"Frau Ohlsen":
Sie sind 29 Jahre alt, und Sie arbeiten seit zwei Jahren als angehende Apothekenhelferin. Von Ihrer Arbeit sind Sie sehr begeistert. Früher haben Sie immer im Geschäft Ihrer Eltern - einem gutgehenden Spirituosengeschäft - mitgearbeitet.
Nun hatte Ihr Vater eine ernsthafte Kehlkopfoperation. Zwar geht es ihm wieder so gut, daß er arbeiten kann, aber das Sprechen ist sehr mühsam für ihn, und das wird wahrscheinlich auch so bleiben. Der Kontakt mit den Kunden ist dadurch ganz erheblich erschwert, und Ihre Eltern drängen Sie nun sehr, doch wieder im Geschäft mitzuarbeiten.
Sie haben zwar noch einen Bruder, der hat aber gerade sein Examen als Ingenieur gemacht und denkt überhaupt nicht dran, sich im Geschäft zu "begraben".
Sie wissen nun nicht, was Sie tun sollen: Einerseits können Sie gut verstehen, daß Ihren Eltern das Geschäft viel bedeutet, andererseits sind Sie so glücklich in Ihrem Beruf, und sie glauben auch, ein Recht darauf zu haben, Ihr eigenes Leben zu führen. Als Sie nicht mehr aus noch ein wußten, sind Sie in die Sprechstunde eines Sozialarbeiters gegangen.
Dieses Gespräch soll jetzt stattfinden.

"Frau Madau":
Sie sind 24 Jahre alt. Sie arbeiten in einem Kinderheim außerhalb der Stadt, das Kinder bis zu 12 Jahren aufnimmt. Es herrscht ein schlimmer Personalmangel, und Sie haben einen sehr langen Arbeitstag. Der Heimleiter verspricht zwar viel, tut aber nichts, um Abhilfe zu schaffen. Sie möchten gerne da weg, hängen aber an den Kindern und empfinden es als Verrat, sie im Stich zu lassen. Eigentlich möchten Sie sich gern in der Stadt eine Arbeit suchen, die Ihnen mehr freie Zeit läßt, ein eigenes Leben zu führen. Wenn Sie an die armen Kinder im Heim denken ... Sie sprechen mit einem Bekannten darüber, der Mitarbeiter einer Psychologischen Beratungsstelle ist.

"Herr Häscher":
Sie sind Assistent des Personalchefs in einem chemischen Betrieb, der durch den Aufbau neuer Abteilungen stark expandiert. Manchmal werden bis zu 100 Leute in der Woche eingestellt. Das geschieht in einer kleinen Abteilung, in der Sie mit zwei Kollegen arbeiten. Der Chef ist oft nicht da, und deshalb haben Sie in der letzten Zeit sehr häufig Überstunden gemacht. Sie brauchten eigentlich noch zwei neue Leute, um alle Bewerbungen zügig zu bearbeiten. Im Augenblick kommt auf tausend Leute ein Personalsachbearbeiter, etwa doppelt so viele wären angemessen. Sie und Ihre Kollegen haben sich schon häufig über diesen Zustand beklagt, Sie haben an das Hauptbüro nach England geschrieben, aber es ist nichts passiert.

In England ist die Situation vollkommen anders, weil dort alle Bewerbungen von einem zentralen Arbeitsbüro aus bearbeitet werden, so daß ein Sachbearbeiter für tausend Leute völlig ausreicht. Noch eine weitere unangenehme Sache kommt hinzu: Ihr Chef hat kürzlich in einer Vorstandssitzung durchblicken lassen, der Beste der drei Personalsachbearbeiter werde nach zwei Jahren zum Personalmanager des gesamten Betriebes befördert.
Obwohl die Arbeitsatmosphäre in Ihrer Abteilung sehr gut ist, befürchten Sie, daß durch diese Mitteilung Konkurrenzkämpfe entstehen könnten, die das Arbeitsklima vergiften. Sie vermuten eine Absicht hinter dieser Mitteilung.
Von diesen unangenehmen Tatsachen abgesehen, gefällt Ihnen der Betrieb sehr gut, Sie haben ein relativ gutes Gehalt, mehr als Ihre Kollegen in anderen Betrieben, und auch das Weihnachtsgeld ist in Ordnung. Dennoch fragen Sie sich, ob sie in diesem Betrieb bleiben wollen. Der Bund der Zigarrenhändler will Sie als Sekretär einstellen. Dort wäre es Ihre Aufgabe, Versammlungen vorzubereiten und zu protokollieren, längerfristige Planungen zu machen, Öffentlichkeitsarbeit, usw.
Der Nachteil dieser Arbeit wäre, daß Sie etwas weniger verdienen würden, andererseits würden die lästigen Überstunden wegfallen. Ein weiterer Nachteil wäre, daß Sie Ihre günstige Betriebswohnung aufgeben müßten, ohne daß der Händlerverband Ihnen bisher entsprechendes hätte zusagen können.
Sie wissen nicht, was Sie tun sollten, und sprechen daher jetzt mit einem Bekannten darüber, weil Sie hoffen, so eine Lösung des Problems zu finden.
Der Bekannte machte gerade eine Ausbildung in "Klientenzentrierter Gesprächsführung" und ist zu einem Beratungsgespräch gern bereit!

Aufgabe des Beraters:
Der Berater kann sich zweierlei Aufgaben stellen:
1. Ausschließliche Anwendung der spiegelnden Methode: Wo man nicht zu spiegeln vermag, wird geschwiegen.
2. Partielle Anwendung der spiegelnden Methode: Wo das Spiegeln nicht gelingen will, werden andere Antworten gegeben.

Aufgabe für die Beobachter:
Das Rollenspiel zwischen Klient und Berater wird von den übrigen Gruppenmitgliedern beobachtet. Um exakt beobachten und anschließend analysieren zu können, erstellen die Beobachter ein Gesprächsprotokoll.
Wörtlich notiert werden vor allem die wichtigsten Gefühlsäußerungen, Wünsche und Fragen des Klienten, dazu (möglichst) alle Äußerungen des Beraters. Die Beobachter können sich (anfangs) die Aufgaben teilen, damit es nicht zu schwierig wird. Zur Entlastung der Teilnehmer und für die exakte Analyse empfielt sich eine Aufnahme des Rollenspiels auf Tonband.

Bewertung des Rollenspiels (Zeitaufwand ca. 30 Minuten):
Klient, Berater und Beobachter äußern sich (in der genannten Reihenfolge!) in freiem, unstrukturiertem Meinungsaustausch (5 Min.). Im Anschluß daran werden alle Berater-äußerungen nacheinander systematisch analysiert (anhand der Gesprächsprotokolle oder der Tonbandaufzeichnungen), etwa anhand folgender Fragen:
- Was und wie wird gespiegelt?
- Was wird durch das Spiegeln erreicht?
- Welche wichtigen Klientenäußerungen werden nicht gespiegelt?
- Welche Methoden werden neben der spiegelnden Methode verwendet (mit welchem Erfolg)?
- Wie würde eine optimale Verbalisierung aussehen?

Übungsvarianten zum Rollenspiel:

(1) Die Position und Situation des Beraters kann erleichtert werden, indem ein Co-Berater die Rolle übernimmt und dann antwortet, wenn Berater 1 keine Antwort findet.

(2) Sowohl Klient als auch Berater bekommen ein "alter ego" (ein "anderes Ich", ein "Hilfs-Ich"). Diese Rolle übernehmen andere Gruppenmitglieder: Sie setzen sich hinter die Gesprächsteilnehmer (möglichst auf den Boden) und verbalisieren die nicht oder unklar ausgesprochenen Gedanken, Gefühle und Wünsche.

Übung 11

Bevor Sie die Übungsaufgabe erledigen, machen Sie sich mit den nachfolgenden Hinweisen für Tonbandaufzeichnungen vertraut.

Tips für den Umgang mit Tonbandaufzeichnungen (Weber 1991, S. 99)

1. In der Regel werden Tonbandausschnitte von 5-10 Minuten abgehört. Während des Abhörens notiert man die wichtigsten Eindrücke.

2. Anschließend wird das Therapeutenverhalten eingeschätzt anhand von Einschätzungsskalen (vgl. Kap. 4.4. "Kontrolle des Beratungsgeschehens").

3. Dann kann eine allgemeine Meinungsbildung stattfinden (anhand der notierten Einzelbeobachtungen).

4. Dringend nötig ist, daß der Tonbandausschnitt nochmals angehört und in allen Einzelheiten analysiert wird.
Das geschieht so: Das Tonband läuft ab. Sobald eine Klientenäußerung verbalisiert werden muß, wird das Band gestoppt und eine optimale Beraterantwort gesucht. Anschließend läuft das Tonband weiter. Wo das Band Berateräußerungen liefert, werden diese analysiert und bei Bedarf verbessert.

5. Anstatt einen Tonbandausschnitt (aus einem echten Beratergespräch) zu analysieren, der bereits im Zusammenhang angehört wurde, kann man (im Sinne von Punkt 4) auch mit Bandausschnitten arbeiten, die noch völlig unbekannt sind.

Aufgabe: Bitte arbeiten Sie jetzt gemäß den genannten Regieanweisungen, indem Sie die Tonbandaufzeichnung eines echten Beratungsgesprächs einsetzen. Der betreffende Klient muß damit einverstanden sein, daß Ausschnitte aus einer Beratung zu Lernzwecken verwendet werden; seine Anonymität ist zu wahren, indem Namen, usw. gelöscht oder verfremdet werden.

Übung 12
Bitte analysieren Sie ein Gesprächsprotokoll, das Sie selber angefertigt haben. Wo Sie mit Beraterantworten nicht ganz zufrieden waren, suchen Sie nach neuen, geeigneteren Beraterreaktionen.
Tragen Sie anschließend Ihre neuen Lösungen in der Arbeitsgruppe vor.

Zu Übungszwecken können Sie zusätzlich auch Gesprächsprotokolle analysieren, die dieses Buch bietet oder die in anderen einschlägigen Büchern zu finden sind.

Übung 13
Wenn Sie **innerhalb einer Lerngruppe** ein Gesprächsprotokoll oder eine Tonbandaufzeichnung bearbeiten, beachten Sie bitte alle Interaktionen, die verbal und nonverbal stattfinden.

Beim Miteinander-Arbeiten und -Sprechen kommt es darauf an, daß jedes Gruppenmitglied auf die anderen Teilnehmer (und speziell auf den Berater) zentriert ist, daß man emotionale Wärme und unbedingte Wertschätzung ausstrahlt, daß man die Gefühle der anderen verbalisiert, und daß man in jedem Fall Echtheit und Selbstkongruenz praktiziert.

Damit Sie eine Rückmeldung (Feedback) erhalten, empfiehlt es sich, im Anschluß eine Gruppenarbeit einzuschalten, in der diese Dinge diskutiert werden.

Übung 14
Bitte **praktizieren Sie das Verbalisieren emotionaler Erlebnisinhalte auch innerhalb von alltäglichen Begegnungen**, so etwa im Gespräch mit Verwandten und Freunden, mit Arbeitskollegen und "Feinden", oder wenn Sie innerhalb Ihrer Lerngruppe zum Essen gehen oder spazierengehen.

Übung 15
Nachstehend finden Sie **eine Vielzahl von Klientenäußerungen** (Weber 1991, S. 101-105), **die nicht miteinander in Zusammenhang stehen**. Sie sind aufgefordert, dazu **eine optimale Beraterantwort zu finden**.
Wozu gerade solches Übungsmaterial?
Sie lernen dabei, flexibel auf ganz unterschiedliche Themen und Emotionen zu reagieren, was auch für Ihre Beratungstätigkeit unabläßlich ist. Außerdem lernen Sie, wie Sie auf Klientenäußerungen reagieren können, wenn Sie den Kontext (noch) nicht kennen - das kommt besonders am Anfang von Beratungsgesprächen vor.

Mit den nachfolgenden Klientenäußerungen können Sie in verschiedener Weise arbeiten:

- Sie suchen Antworten gemäß der **spiegelnden Methode**.

- Sie können sich speziell darin üben, **synonyme** und **antonyme Antworten** zu finden oder die **Wünsche und Interessen des Klienten** zu verbalisieren oder möglichst konkret zu verbalisieren.

- Sie können andere **beraterische Verhaltensweisen** einüben (vgl. Kap. 4.5 und Kap. 4.6).

- Sie können sich Zeit nehmen, um eine **optimale Antwort** zu finden, oder Sie können so **rasch reagieren**, wie es im echten Gespräch nötig ist.

- Sie können zu einigen Klientenäußerungen **drei verschiedene spiegelnde Antworten suchen** und so die Vielfalt des Reagierens abtasten.

- Sie können **zwischendurch** (zur Entspannung und Abwechslung!) einmal **ganz spontan antworten** und Ihre Antworten anschließend analysieren (zeigen sich da gewisse Grundstrukturen?).

- Sofern Sie **innerhalb einer Lerngruppe üben**, gibt es folgende Möglichkeiten:

(a) Der Gruppenleiter liest eine Klientenäußerung vor (das Zuhören erleben Sie anders als das Lesen!), alle Gruppenmitglieder notieren eine Antwort, anschließend wird verglichen.

(b) Der Gruppenleiter liest eine Klientenäußerung vor, darauf antwortet Gruppenmitglied 1, die anderen hören kritisch zu, sie können ihre Analyse auch aussprechen. Dann wird die nächste Klientenäußerung verlesen, es antwortet Gruppenmitglied 2. So geht es reihum.

(c) Der Gruppenleiter liest eine Klientenäußerung vor. Die Gruppenmitglieder 1 und 2 antworten entsprechend der spiegelnden Methode, Teilnehmer 3 reagiert belehrend, Teilnehmer 4 wertet, Teilnehmer 5 liefert eine externale Antwort. Andere Gruppenmitglieder beobachten und analysieren das ganze Geschehen - es ergeben sich recht plastische Gegensätze. Dann wird eine weitere Klientenäußerung verlesen und entsprechend verfahren, usw.

Einzelne Klientenäußerungen als Übungsmaterial:

1. "Es fällt mir schwer zu sagen, was mich bedrückt."

2. "Ich weiß nicht, wie ich mich mit dieser Situation abfinden soll."

3. "Wissen Sie, wenn ich nur an die Prüfung denke, könnte ich weglaufen."

4. "Meinen Sie, es gibt irgendeine Möglichkeit für mich?"

5. "Ich bin mir nicht sicher, ob ich die Scheidung einreichen soll."

6. "Ich möchte gern, daß Sie mit mir beten."

7. "Ich sitze immer allein in meiner guteingerichteten Wohnung. Ich fühle mich einsam. Mein größter Wunsch ist, einen richtigen Freund zu finden."

8. "Herr Doktor, ich hoffe, daß ich Sie nicht störe. Ich weiß, daß Sie viel zu tun haben."

9. "Ich habe entdeckt, daß mein Mann schon seit zwei Jahren ein Verhältnis mit seiner Sekretärin hat. Was sagen Sie dazu?"

10. "Ich habe da ein schwieriges Problem, ich weiß eigentlich gar nicht, wie ich es erzählen soll."

11. "Weil ich ein uneheliches Kind habe, sind mir meine Angehörigen bisher immer mit Verachtung, Demütigung und Ablehnung begegnet. Nach vielen Jahren geschah nun plötzlich etwas anderes: Als ich ganz am Ende war, hat man mir geholfen, ohne Vorwurf und ohne Gegenleistung."

12. "Ich bin zum zweiten Mal verheiratet. Meine 18jährige Tochter traf kürzlich wieder ihren Vater. Erst war sie von ihm begeistert, dann enttäuscht und verstört, weil er sie anlog. Sie litt unsagbar und konnte sich in der Schule kaum mehr konzentrieren. In mir rief dieses Geschehen viele alte Erinnerungen wach."

13. "Meine Tante wohnt in meinem Haus und macht mir und meiner Familie das Leben schwer, ein fünfjähriger schwerer und böser Kampf. Meine Tante ist gemütskrank, ist also für ihr Verhalten nicht voll verantwortlich."

14. "In zwei Wochen endet die nervliche Zerreißprobe, die darin besteht, daß ich angesichts der finsteren, strengen Frömmigkeit meines Mannes mein Kind erziehen muß: Mein Sohn verläßt das Elternhaus, um zu studieren."

15. "Wenn meine Andrea vom Spielen nach oben kommt, sieht sie aus wie ein kleines Ferkel. Alles, aber auch alles ist dreckig. Sie können sich das nicht vorstellen! Nicht, daß ich die Arbeit mit dem Waschen scheue, weiß Gott nicht, ich schaffe von früh bis spät im Haushalt, aber manchmal glaube ich, daß sie sich mir zum Trotz nur so schmutzig macht. Ich bin ja nicht für's Prügeln, aber wenn Sie das Tag für Tag erleben, kann einem mal der Geduldsfaden reißen. Finden sie nicht auch, daß ein 5jähriges Mädchen schon etwas auf seine Kleidung achten müßte?"

16. "Heute ist Sabine wieder völlig durcheinander. Gestern war sie bei meinem geschiedenen Mann, und der hat sie wieder so aufgehetzt gegen mich, daß sie ganz aufsässig ist. Ich tu´ doch alles, was ich kann, aber er und seine neue Frau können mich nur schlecht machen. Und dabei habe ich mich jahrelang für ihn abgeplagt. Nie hat er sich um das Kind gekümmert, aber jetzt drängt er, daß ja die Besuchszeiten eingehalten werden."

17. "Ob ich meinen Sohn einschulen soll? Er wäre ja schulpflichtig, aber er ist ja noch so klein und hängt so an mir. Ob er die Schule wohl schaffen wird? Mein Kinderarzt würde mir sicher bestätigen, wie anfällig mein Peter ist. Aber was wird da meine Nachbarin sagen? Sie schickt ihre Sabine schon vorzeitig in die Schule. Aber Mädchen sind wohl weiter als Jungen. Was würden Sie mir raten?"

18. "Meine Tochter wird morgens einfach nicht fertig. Sie bummelt so schrecklich, sie will mal dies, mal das, ich kann drängeln und mahnen, sie geht fast immer zu spät aus dem Haus und kommt öfters zu spät zur Schule."

19. "Meine Frau läßt den Kindern viel zu viel Freiheit. Sie gehorchen überhaupt nicht mehr. Immer haben sie Widerworte."

20. "Meine Tochter läßt sich von mir gar nichts mehr sagen."

21. "Meine Eltern mischen sich immer wieder in meine privaten Dinge ein."

22. "Ich war richtig gemein zu meiner Kollegin, aber im Augenblick platzte mir einfach der Kragen."

23. "In meiner Klasse haben jetzt schon zwölf Jungen ein Fahrrad."

24. "Mein Bruder ist ein besserer Schüler als ich, obwohl ich viel mehr lerne als er."

25. "Ich bin 22 Jahre, ledig , und erwarte ein Kind. Am liebsten würde ich es wegmachen lassen, weil es meine Freiheit und meine Zukunft sehr einschränkt. Aber ich habe auch Bedenken gegenüber einer Abtreibung."

26. "Wenn man die Antibabypille wahllos ausgibt, werden alle Bremsen und Hemmungen niedergewalzt."

27. "Klient im Krankenhaus: Ja, ich war in der letzten Zeit übermütig und manchmal leichtsinnig. Das muß ich jetzt büßen."

28. "Klientin im Krankenhaus: Ich habe gerne ein Zimmer für mich allein. Ich kann nicht das Leiden anderer Menschen sehen, meines ist mir genug."

29. "Was in der Bibel steht, kann mir nicht helfen."

30. "Ich kann nicht verstehen, daß Kinder leiden sollen. Ich war letzthin bei der Beerdigung einer jungen Frau, die drei Kinder hinterläßt. Der Pfarrer sagte: 'Gott habe diese Mutter zu sich heimgerufen.' Das konnte ich nicht anhören, ich lief weg."

31. "Herr Doktor, sagen Sie mir: Muß ich sterben?"

32. "Für mich ist es natürlich, daß eine unglücklich verheiratete Frau mit einem anderen Mann geht. Ich sage das, obwohl ich mich für Christus engagiere."

33. "Meine jetzige Umgebung darf unter keinen Umständen erfahren, daß ich mich elend fühle. Bitte raten Sie mir, was soll ich nur tun?"

34. "Es ist in mir alles so festgefahren, so versteinert. Wenn ich wenigstens weinen könnte, das wäre etwas erlösend."

35. "Es macht mich so traurig, daß ich plötzlich auch gegen die mir anvertrauten Kinder feindselige Gefühle habe. Allerdings habe ich mich da sehr in der Gewalt, überspiele mit äußerster Energie meine Empfindungen den Kindern gegenüber, bin deshalb nicht grausam zu ihnen."

36. "Auch den anderen Menschen gegenüber spiele ich ein falsches Spiel, bin zu ihnen übermäßig freundlich und widerspreche niemandem. Diese ewigen Lügen, dieses Schauspielen, mein scheinheiliges Wesen läßt mein Gewissen bald nicht mehr zu."

37. "Ich mache mir Vorwürfe, daß ich so egoistisch, so ichbezogen bin, daß ich so viel über mein Leben, über die Vergangenheit und die Zukunft nachdenke."

38. "Mir bangt davor, wenn die Angst und die Verzweiflung weiterhin so auf mich einschlägt, müsse ich eines Tages verrückt werden. Nein, soweit darf es nicht kommen. Lieber mache ich vorher mit dem Leben Schluß."

39. "Ist mir wirklich mal ein Mensch sympathisch, das kommt vor, wenn auch höchst selten, dann meide ich seine Gegenwart um so mehr und zwar deshalb, da meine Ansprüche in jeder Hinsicht das normale Maß übersteigen. Ebenso fürchte ich, von demjenigen hintergangen und enttäuscht zu werden."

40. "Obwohl ich die Menschen ablehne, wünsche ich mir andererseits oft, ich dürfte in ihrer Gemeinschaft mit dabei sein."

41. "Ununterbrochen grüble ich über alles mögliche nach, zerlege jeden einzelnen Gedanken in kleinste Teilchen und bringe zu guter Letzt keinen Zusammenhang, keine Klarheit mehr in mein Denken hinein."

42. "Ich habe Angst vor allen Menschen, Angst vor jedem neuen Tag, Angst vor der Zukunft. Zugleich empfinde ich einen großen Haß gegen alle Menschen, am meisten gegen mich selbst. Deshalb mache ich mir große Vorwürfe."

43. "Von morgens bis spät in die Nacht, in der Arbeit und im Privatleben lebe ich in einer pausenlosen Anspannung, unter einem ständigen seelischen Druck."

44. "Es fällt mir sehr schwer, mich jemanden anzuvertrauen, besonders einen Menschen um Rat und Hilfe zu bitten."

45. "Wissen Sie einen Rat, um einer beinahe pausenlosen inneren Verzweiflung, daneben einer ständigen Angst, Herr zu werden?"

46. "Ich bin 44 Jahre alt und seit drei Jahr mit einem Mann ziemlich eng verbunden. Ich weiß, daß er letztlich einen Psychiater braucht, nicht eine Frau. Er ist gefangen in Trotz und Verzweiflung gegenüber seiner Vergangenheit. Ich möchte noch ein letztes Gespräch mit ihm haben und mich dann von ihm trennen. Aber wer kümmert sich dann um ihn?"

47. "Und dann habe ich schon wieder Angst vor morgen. Warum? Und man sagt mir dauernd: 'Sie brauchen keine Angst zu haben, sie können es!' Ja meine Güte, man sagt mir das aber - ich weiß nicht ... "

48. "Ich möchte ganz gern aus dieser - wenn man dieses Wort gebraucht - Masse, aus der möchte ich schon hinausragen oder auffallen. Ich möchte nicht so sein, wie andere sind. Und das kommt vor allem bei Gesprächen hervor; ich vertrete da meistens immer ganz merkwürdige und gegensätzliche Meinungen, die nicht mehr so populär sind. Aber - ich bin doch irgendwie stolz, daß ich eben diese Meinung vertreten kann, weil ich dann zeigen kann, daß ich anders bin als andere."

49. "Obwohl mein Mann um 17 Uhr Dienstschluß hat, kehrt er meist erst zwischen 20 und 22 Uhr heim; in der Regel sagt er mir nicht, wo er sich aufhält - unehrenhaft dürfte es allerdings nicht sein. Ich bekomme genügend Wirtschaftsgeld und zu den Festen schöne Geschenke, aber ich erfahre von Ihm nicht, wieviel Gehalt er bekommt und was er zum

Beispiel für seine große Briefmarkensammlung ausgibt; vor wenigen Wochen kaufte er ohne mein Wissen ein Auto. Ich mache für ihn einige Schreibarbeiten, aber er rührt für Haus und Garten keinen Finger."

50. "Mir geht das modische Gerede von der partnerschaftlichen Ehe auf die Nerven. Ich sehe hier viele Nachteile und Gefahren. Ich jedenfalls führe eine gute Ehe und lebe ganz glücklich, ohne viel von Partnerschaft zu wissen - dasselbe gilt für meine Eltern und meine Schwiegereltern. In meiner ersten Ehe und nun in der zweiten gibt es feste Ordnungen und Verhaltensweisen, an die man sich halten kann. In den partnerschaftlich aufgezogenen Ehen ist alles so unsicher, das wird dauernd diskutiert und verändert, und wenn man sich nicht einigen kann, geht man auseinander: spricht nicht die hohe Scheidungsziffer eindeutig gegen die neuen Eheformen? Ich jedenfalls vertraue auf die alten göttlichen Formen und Normen."

4.2.7. Beratervariable III: "Echtheit und Selbstkongruenz"

Echtheit und Selbstkongruenz spielen im Gespräch und in der Beziehung zwischen Berater und Klienten eine ganz entscheidende Rolle, lassen sich aber nur sehr schwer lehren und lernen.

Auf dem langen Weg zu diesem hohen Ziel sollte der Satz von Rogers nicht vergessen werden: "Keiner erreicht diesen Zustand völlig." (Roger 1973, S. 73).

Zur Einstimmung beginnen wir mit zwei Übungen (Weber, S. 106 f.):

Übung zur Körperwahrnehmung

Setzen Sie sich bequem auf einen Stuhl und schließen Sie die Augen. **Lassen Sie sich anhand folgender Fragen auf das Erfahren Ihres Körpers ein:**

- Was spüre ich von meinen Füßen (Fußsohlen, Fußzehen, usw.) und wie erlebe ich den Kontakt zu meinen Schuhen und zum Boden?
- Wo spüre ich meine Beine? Inwieweit habe ich ein Gespür für mein Rückgrat und Gesäß?
- Wo gibt es Kontakt zum Stuhl für meinen Bauch, meine Brust, meine Schultern?
- Was spüre ich von meiner linken und rechten Hand, von meinen Armen?
- Welche Teile meines Kopfes spüre ich deutlich, welche Partien weniger deutlich?
- Möchte ich etwas verändern an meiner Sitz- und Körperhaltung, so daß ich entspannter und angenehmer sitze? Was spüre ich jetzt von meinem Körper, wie erlebe ich mein Leibsein jetzt?

- Wenn Sie wollen, können sie im Anschluß an diese Übung von Ihren Erfahrungen sprechen und auf die Erfahrungen anderer Gruppenmitglieder hören.

Brainstorming (10 Minuten)
Die Arbeitsgruppe äußert sich **spontan und ohne Diskussion** zu folgenden Fragen:
- Wie geht es mir, wenn ich mit jemandem spreche und dabei echt (mein inneres Erleben stimmt überein mit meinen Äußerungen) bzw. unecht bin?
- Wie erlebe ich es, wenn ich den Eindruck habe, mein Gesprächspartner sei echt bzw. unecht?

Als Berater erstrebe ich ein hohes Maß an "Echtheit und Selbstkongruenz" (Tausch 1970, S. 126 ff.). Gemeint ist damit eine Übereinstimmung von innerem Erleben und äußerem

Verhalten, eine "Kongruenz zwischen nonverbaler und verbaler Kommunikation" (Graessner/Heinerth 1975).
Da das innere Erleben sich häufig (ohne Absicht!) **ganz unmittelbar** in nichtsprachlichem Verhalten, z.B. im Gesichtsausdruck und in der Stimmlage ausdrückt, entspricht bei unechten Menschen daher das nichtsprachliche Verhalten oft nicht der verbalen Mitteilung. Das "Wie" ist nicht kongruent mit dem 'Was".
So sagt etwa jemand mit gepreßter Stimme und traurigen Augen, er fühle sich entspannt und sei ganz zufrieden.

Anders ausgedrückt: Ich vermeide im Umgang mit dem Klienten ein unechtes, schauspielerhaftes, fassadenförmiges, maskenhaftes, routinemäßiges, "professionelles" Verhalten. Wenn ich mich nicht echt und selbstkongruent verhalte, wird meine Kommunikation widersprüchlich und unklar, meine Beziehung zum Klienten zwei- oder vieldeutig. Der Klient kann mir mein Verhalten (Zuhören, Akzeptieren, Verbalisieren, usw.) nicht abnehmen. Er selber wird unsicher und fühlt sich nicht wohl.
Und umgekehrt: Wenn ich offen und echt bin, spürt der Klient, wo er mit mir dran ist, er faßt Vertrauen. Er kann eine echte realistische Beziehung erleben und bekommt Mut, im Gespräch offen und echt zu werden.

Wie läßt sich zunehmend ein immer größeres Maß an Echtheit und Selbstkongruenz erreichen?

1. Ich ermögliche **mir selbst** ein wachsendes Maß an Echtheit und Selbstkongruenz, indem ich meinen positiven und negativen Emotionen und Wünschen mit wachsender Wertschätzung und Wärme begegne sowie meine emotionalen Erlebnisse immer mehr verbalisiere.

2. Ich ermögliche **dem Klienten** ein steigendes Maß an Echtheit (Abbau von Abwehrmechanismen), indem ich ihm und seinen gefühlsmäßigen Äußerungen und Wünschen emotionale Wärme anbiete und seine emotionalen Erlebnisinhalte spiegle; außerdem begegne ich ihm mit einem hohen Maß an Echtheit meinerseits (Übereinstimmung von innerem Erleben und äußerem Verhalten).

3. Daraus ergibt sich, daß ich innerhalb eines Gesprächs ständig **zwei Ziele anstrebe:**

- Mit "einem Ohr" höre ich auf den Klienten, mit dem anderen auf mich.

- Mit "einem Auge" schaue ich auf den Klienten, mit dem anderen auf mich.

- Einerseits bringe ich dem Klienten akzeptierende Wertschätzung entgegen, andererseits mir selber gegenüber.

- Einerseits spiegle ich die wichtigen Äußerungen des Klienten, andererseits verbalisiere ich gegebenenfalls auch mich selber.

- Einerseits ermögliche ich dem Klienten Kongruenz und Echtsein, andererseits verhalte ich mich selber echt und offen, soweit das wünschenswert ist.

4. Echt und selbstkongruent zu sein, heißt **nicht**, daß ich **einfach alle** Gedanken und Gefühle äußere, aber soweit ich sie äußere, sollen sie echt sein. Weil totales Echtsein des Beraters den Klienten erdrücken kann, spricht Ruth Cohn (1974, S. 162) in diesem Zusammenhang von einer **"selektiven Echtheit"**.

5. Zur **Klärung der Beziehungsebene** kann es nötig und hilfreich sein, die positiven und negativen Elemente der Berater-Klient-Beziehung offen und echt anzusprechen. **Beispiel:** "Wenn ich spüre, daß ich mich in den Kontakt mit diesem Klienten gelangweilt fühle und dieses Gefühl andauert, dann glaube ich, bin ich es ihm und unserer Beziehung schuldig, ihm dieses Gefühl mitzuteilen" (Ludwig Pongratz 1973, S. 360). Allerdings sollte ich versuchen, meine Gefühle konstruktiv und als subjektives Erleben auszudrücken, so daß dem Klienten Freiheit bleibt für sein eigenes subjektives Erleben.
Positives Beispiel:
"In diesem Augenblick steigt in mir ein Gefühl von Langeweile (Furcht, Angst, usw.) auf. Wie geht es Ihnen jetzt gerade ... Welche Gefühle haben Sie, wenn ich Ihnen das so sage?"
Oder: "Ich spüre jetzt gerade Langeweile. Ich möchte mit Ihnen klären, woher das kommt und ob sich daran etwas ändern läßt."
Negatives Beispiel: "Sie langweilen mich (machen mich ängstlich, ärgerlich, usw.) Das ist nicht recht von Ihnen."

6. **Es gibt einige konkrete Fragestellungen, die das Echtsein fördern**, die eine größere Kongruenz von innerem Wünschen und äußerem Verhalten ermöglichen.
Ich kann etwa so formulieren:

- "Was wünschen Sie sich in diesem Augenblick? Bitte phantasieren Sie aus, wie Ihr Leben aussehen müßte, damit es Ihnen gut geht? ..."

- "Wo können Sie ihren Wünschen gemäß handeln? Was hindert sie daran, sich gemäß Ihren Wünschen zu verhalten? ..."

- "Was können Sie tun, damit es Ihnen besser geht? ... "

Einschätzungsskala zu Echtheit und Selbstkongruenz

(Diese Skala ist eine Umarbeitung der Skalen von Rogers, Truax und Carkhuff, vgl. Tausch 1970, S. 130)

Stufe 1:
Offensichtlicher Widerspruch zwischen den Äußerungen und den Gefühlen (innerem Erleben) des Beraters. Wo es aber zu echten Reaktionen des Beraters kommt, sind sie von destruktivem Charakter, indem sie die Besonderheiten des Klienten verneinen.

Stufe 2:
Der Berater verhält sich gemäß einer vorgegebenen Rolle (professionell oder weil er "gut ankommen" will) und vermeidet es, seine persönlichen Gefühle auszudrücken. Wenn er echte Gefühle äußert, so sind sie eher negativ oder defensiv und werden nicht als Grundlage für eine weitere Klärung der Beziehung eingesetzt.

Stufe 3:
Der Berater läßt keine Anzeichen eines Widerspruchs zwischen innerem Erleben und äußerem Verhalten erkennen, aber er tritt (fast) nicht als eigene Person in Erscheinung.

Stufe 4:
Der Berater teilt öfter seine eigenen Gefühle mit (seien sie positiv oder negativ), wenn er mitunter auch zögert, sie voll auszusprechen. Was er sagt, ist echt. Zumindest zeitweise setzt er seine Gefühle ein für die weitere Exploration der Beziehung zwischen Berater und Klient.

Stufe 5:
Der Berater ist in der Beziehung zum Klienten frei er selbst. Er ist spontan in der Interaktion und offen für alle Formen seiner Gefühle, seien sie erfreulich oder unangenehm. Er ist in hohem Maße er selbst, seine Gefühle und Äußerungen stimmen überein. Immer wieder setzt er seine Gefühle konstruktiv ein, um neue Bereiche der Berater-Klient-Beziehung der Erkenntnis beider zu öffnen und die Beziehung zu klären.

Praktische Übungen

Übung 1
Übung zur Körperwahrnehmung und Brainstorming. Bitte machen Sie wieder Ihre Erfahrungen mit den Eingangsübungen zum **Kap. 4.2.7., S. 86).**

Übung 2
Die folgende Übung (nach Schwäbisch/Siems 1974) soll Ihnen helfen, **die Folgen von direkten Gefühlsäußerungen zu erkennen.** Direkte Gefühlsäußerungen in der Ich-Form sind zum Beispiel echter und klarer und hilfreicher als indirekte Äußerungen. Versetzen Sie sich in der nachstehenden Übung in die Rolle des Angesprochenen und notieren Sie stichwort- artig Ihre Gefühle!

Sie wollen mit Ihrer Frau ausgehen und kommen nun gerade umgezogen ins Wohnzimmer. Ihre Frau sagt:

"Findest Du Deine Kleidung etwa geschmackvoll?"	**Ihre Gefühle:**
"Irgendwie mag ich Deine Kleidung heute abend nicht."	**Ihre Gefühle:**

Sie erledigen eine Arbeit im Haus, bei der es laut zugeht. Ihr Ehepartner liest gerade ein Buch. Er sagt zu Ihnen:

"Sei bitte ruhig!"	**Ihre Gefühle:**
"Mich stört das ganz schön, wenn Du so laut arbeitest."	**Ihre Gefühle:**

Stellen Sie sich vor, Sie sind zärtlich mit einem Partner zusammen, und der sagt Ihnen plötzlich:

"Du bist wirklich unsensibel."	**Ihre Gefühle:**
"Du, ich brauche noch mehr Einfühlung von Dir."	**Ihre Gefühle:**

Sie sind in einem Gespräch mit einem Arbeitskollegen und widersprechen ihm recht schnell. Er sagt Ihnen:

"Man kann da nicht einfach widersprechen".	**Ihre Gefühle:**
"Ich mag gar nicht weitersprechen, wenn Sie so schnell mit Nein antworten."	**Ihre Gefühle:**

Stellen Sie sich vor, Sie wären ein Kind und sprächen mit Ihrem Lehrer. Sie sind aber recht unaufmerksam. Ihr Lehrer sagt:

"Du hörst mir ja nie zu".	**Ihre Gefühle:**
"Ich habe keine Lust, weiterzureden, weil ich nicht weiß, ob es Dich überhaupt interessiert."	**Ihre Gefühle:**

Sie sprechen mit Ihrem Ehepartner über die schwachen schulischen Leistungen Ihres Kindes. Sie erhalten die Antwort:

"Du solltest wirklich strenger sein mit dem Kind."	**Ihre Gefühle:**
"Ich selbst würde strenger mit dem Kind sein und würde es gut finden, wenn Du auch so denken würdest."	**Ihre Gefühle:**

Übung 3

Diese Übung (Weber 1991, S. 116-117) macht Sie aufmerksam, **inwieweit Ihre nonverbalen Äußerungen (Körpersprache) mit den verbalen übereinstimmen.** Gleichzeitig haben Sie die Möglichkeit, nach einer Äußerung zu suchen, die besonders hilfreich ist.

1. Wenn Sie gegenüber Ihrem Gesprächspartner **Langeweile empfinden:**
   a) Wie drücken Sie sich nonverbal aus (Körperhaltung)?
   b) Wie sprechen Sie Ihr Gefühl normalerweise (bisher) aus?
   c) Welche Antwort würde Sie und den Partner noch mehr befriedigen?

2. Wenn in Ihnen in der Begegnung mit dem Anderen **Ärger aufsteigt:**
   a) Wie drücken Sie sich nonverbal aus (Körperhaltung)?
   b) Wie sprechen Sie Ihr Gefühl normalerweise (bisher) aus?
   c) Welche Antwort würde Sie und den Partner noch mehr befriedigen?

3. Wenn Ihnen jemand etwas sagt, **was Sie verletzt:**
   a) Wie drücken Sie sich nonverbal aus (Körperhaltung)?
   b) Wie sprechen Sie Ihr Gefühl normalerweise (bisher) aus?
   c) Welche Antwort würde Sie und den Partner noch mehr befriedigen?

4. Wenn Sie **Sympathie und Zuneigung** für den Gesprächspartner **verspüren:**
   a) Wie drücken Sie sich nonverbal aus (Körperhaltung)?
   b) Wie sprechen Sie Ihr Gefühl normalerweise (bisher) aus?
   c) Welche Antwort würde Sie und den Partner noch mehr befriedigen?

5. Wenn Sie sich gegenüber dem Gesprächspartner **unsicher fühlen:**
   a) Wie drücken Sie sich nonverbal aus (Körperhaltung)?
   b) Wie sprechen Sie Ihr Gefühl normalerweise (bisher) aus?
   c) Welche Antwort würde Sie und den Partner noch mehr befriedigen?

Übung 4

Versuchen Sie, sich selbst **anhand der "Einschätzungsskala zur Echtheit und Selbstkongruenz"** (siehe S. 88) im Blick auf Ihr Beraterverhalten im Einzelgespräch einzustufen. Sie können das gefühlsmäßig und grundsätzlich tun. Es sollten aber auch Tonbandaufzeichnungen von Gesprächen mit Klienten oder von Rollenspielen verwendet werden. Prüfen Sie, ob Sie von Ihrer Arbeitsgruppe oder Ihrem Supervisor ähnlich eingeschätzt werden - andere Menschen können natürlich nur einschätzen, wie Ihr Verhalten auf sie wirkt, nicht aber, ob Sie wirklich echt oder unecht sind.

Übung 5

In dieser nonverbalen Übung (Weber 1991, S. 117-118) geht es darum, wie weit es mir momentan möglich ist, **gleichzeitig klientenzentriert und echt**, d.h. auf mich selbstzentriert und mit mir identisch zu sein.

Jeder aus der Arbeitsgruppe sucht sich einen Partner. Während der Übung wird nicht gesprochen, die Aufmerksamkeit gehört insbesondere den Körper- und Gefühlsäußerungen. Partner 1 und Partner 2 stehen sich auf Armlänge gegenüber, bewegt werden nur Arm (Arme) und Hand (Hände) samt Fingern. P1 spielt den Klienten: Er streckt Arm oder Arme nach vorne und führt die Bewegungen aus, die ihm spontan einfallen (er kann auch Pausen einlegen); er bewegt sich nur so schnell, daß er mit seinem Fühlen "mitkommt". P2 spielt den Berater: Er streckt ebenfalls Arm oder Arme nach vorne, seine Hände sind den Händen von P1 möglichst nahe, berühren sie aber nicht; er macht die Bewegungen von P1 genau nach (partnerzentriertes Verhalten!); entscheidend ist, daß er nur soweit mitmacht, wie es seine Echtheit und seine Selbstkongruenz zulassen, er kann also auch andere oder langsamere Bewegungen als P1 machen oder pausieren usw.

Nach diesem Übungsteil werden die Rollen getauscht: P1 stellt sich auf den Platz von P2 und übernimmt die Rolle von P2 - entsprechend verhält sich P2. Anschließend tauschen die beiden Übungspartner ihre Erfahrungen aus.

Zum Abschluß werden die indivuellen Erfahrungen im Gruppengespräch ausgetauscht und ausgewertet.

Folgende **Fragen** können hereingenommen werden:

- Inwieweit fühlte ich mich wohl in der Rolle des "Klienten" bzw. des "Beraters"? Fiel mir das eine leichter als das andere?

- Was war für mich angenehm bzw. schwierig? Stimmen meine Wahrnehmungen und Gefühle mit denen des Partners überein, oder war vielleicht für ihn angenehm, was mir unangenehm erschien?

- Konnte ich meinem Partner mitteilen und ihn spüren lassen, wie es mir geht? Konnte er es wahrnehmen?

- Habe ich mich auf schwierige Grenzsituationen einlassen können? (Beispiel: Meine Hände zittern, mir fällt nichts ein, als "Berater" mache ich bestimmte Dinge nicht mit ...)

- Wo und inwieweit war ich echt bzw. fassadenhaft? Konnte ich als "Berater" dem "Klienten" und mir selber gerecht werden, also Echtsein ermöglichen? Inwieweit kann ich diese Gegensätze vereinbaren, diese beiden Pole unter einen Hut bringen?

- Wie läßt sich die Erfahrung dieser nonverbalen Übung übertragen auf das Gespräch zwischen Berater und Klient?

Übung 6

Die Übung (Weber 1991, S. 118-119) findet innerhalb der **Arbeitsgruppe oder der Einzelsupervision** statt.

Bitte erinnern Sie sich an ein Gespräch mit einem Klienten. Stellen Sie nun einen leeren Stuhl vor sich hin und stellen Sie sich vor, daß dieser Klient darauf sitzt. Und jetzt versuchen Sie, ihm all das zu sagen, was Sie innerhalb des stattgefundenen Gesprächs nicht sagten, wohl aber gedacht und gefühlt haben.

Wenn Ihnen das sehr schwer fällt, können Sie sich von Gruppenteilnehmern "doppeln" lassen: Jemand setzt sich hinter oder neben Sie und verbalisiert möglichst deutlich und konkret Ihre Gefühle, Wünsche, Werthaltungen usw. Sie selber entscheiden, wie weit Sie gehen und wann Sie aufhören möchten. Anschließend wird diese Übung ausgewertet.

Eine (schwierigere) Variante dieser Übung verläuft so:
Sie führen als Berater ein Gespräch mit einem Gruppenmitglied (Rollenspiel). Dann verläßt Ihr Gesprächspartner seinen Stuhl und Sie versuchen nun zum leeren Stuhl hin zu sagen, was Sie im Gespräch nicht sagen konnten oder wollten. Auch jetzt können Sie sich wieder "doppeln" lassen. Außerdem ist es möglich, daß sich nach Ihnen andere Gruppenteilnehmer auf Ihren Stuhl setzen und zum leeren Stuhl hin mitteilen, was sie während des Rollenspiels dachten und fühlten, aber wohl nicht gesagt hätten. Auch hier erfolgt zum Abschluß ein Auswertungsgespräch innerhalb der Gruppe.

In das **Auswertungsgespräch** können folgende **Fragen** hereingenommen werden:
- Wie fühle ich mich als Berater vor, während und nach dieser Übung?
- Wie fühlt sich wohl mein Klient, wenn ich ihm all diese Mitteilungen mache, und wie, wenn ich sie verschweige?
- Was hemmt mich, solche Mitteilungen zu machen? Welche Nachteile befürchte ich (für mich selber, für den Klienten und für unsere Beziehung)?
- Was sind die Folgen für die Beziehungsebene und den Beratungsprozeß, wenn ich meine Gefühle frei ausspreche bzw. ganz zurückhalte?
- Wie kann ich die Mitteilungen zum leeren Stuhl hin, die sicherlich auch unkontrolliert und destruktiv waren, konstruktiv einbringen? Ich suche gemeinsam mit der Gruppe nach Alternativlösungen.

Übung 7
Ebenso wie die vorausgegangene Übung (Weber 1991, S. 119-120) bietet Ihnen auch diese **Übung die Chance, das anzusprechen, was Sie im realen Gespräch (noch) nicht sagen können, vielleicht auch nicht aussprechen sollten.**

Lassen Sie sich bitte auf ein Rollenspiel mit einem Gruppenmitglied ein, wobei Sie den Berater spielen. Sie erstreben ein hohes Maß an Echtheit und Selbstkongruenz, versuchen also, Ihre Gefühle zum Klienten hin zu äußern.
Sobald Sie Schwierigkeiten haben, Ihre Gedanken und Gefühle zu äußern, nehmen Sie eine Hand vor den Mund, wenden den Kopf leicht zur Seite und sprechen zur Seite hin, was sie direkt nicht aussprechen können. Dann wenden Sie sich wieder dem Klienten zu und sagen ihm, was Sie aussprechen wollen und können. Wenn Ihnen diese Aufgabe zu schwer erscheint, machen Sie mit der Gruppe aus, daß Sie jederzeit Ihren Stuhl verlassen können und daß dann ein anderes Gruppenmitglied die Rolle des Beraters übernimmt. Ein Auswertungsgespräch schließt sich an.

Übungsvariante:
Sie stellen der Arbeitsgruppe das Tonbandprotokoll eines Gesprächs mit einem Klienten vor. Sobald Sie beim Abspielen etwas Wichtiges denken oder fühlen, stoppen sie das Tonband und äußern sich mit vorgehaltener Hand zur Seite hin. Dann läuft das Tonband weiter. Sie können die Gruppe zur aktiven Mitarbeit einladen: Jeder kann das Tonband stoppen und sich dann zur Seite hin und mit vorgehaltener Hand äußern. Auf diese Weise haben Sie es wohl leichter, Sie erleben mehr Solidarität.

Abschließend folgt ein **freies Auswertungsgespräch, in das folgende Fragen hineingenommen werden können:**

- Wie fühle ich mich als Berater vor, während und nach dieser Übung?

- Wie fühlt sich wohl mein Klient, wenn ich ihm all diese Mitteilungen mache, und wie, wenn ich sie verschweige?

- Was hemmt mich, solche Mitteilungen zu machen? Welche Nachteile befürchte ich (für mich selber, für den Klienten und für unsere Beziehung)?

- Was sind die Folgen für die Beziehungsebene und den Beratungsprozeß, wenn ich meine Gefühle frei ausspreche bzw. ganz zurückhalte?

- Wie kann ich die Mitteilungen zum leeren Stuhl hin, die sicherlich auch unkontrolliert und destruktiv waren, konstruktiv einbringen? Ich suche gemeinsam mit der Gruppe nach Alternativlösungen.

4.3. Die Selbstexploration des Klienten

Dieser Abschnitt handelt vom Verhalten des Klienten innerhalb des Beratungsprozesses (therapeutischen Prozesses), während alle anderen Kapitel um das Verhalten des Beraters kreisen.

"Unter **'Selbstexploration'** soll verstanden werden, daß der Klient über sich selbst, besonders über seine spezifisch persönlichen inneren Erlebnisse, spricht, sich über sie klarer wird, oder daß er sich wenigstens deutlich um Klärung bemüht" (Tausch 1970, S. 243).
Ein hohes Ausmaß an Selbstexploration (Selbsterkundung) hat der Klient, der intensiv spricht von seinen Gefühlen, seinen Interessen und Wünschen, seinen "gefühlsmäßigen Bewertungen seiner Umwelt, seines eigenen Verhaltens und Erlebens" (Tausch a. a. O.).

Wie kann der Berater die Exploration des Klienten fördern?

1. Der Berater achtet aufmerksam darauf, inwieweit sich der Klient selber exploriert; schon die ersten Gespräche geben darüber Aufschluß (Tausch 1973, S. 289).

2. Die Aktivität des Beraters (sein Annehmen und Wertschätzen, sein Verbalisieren, seine Echtheit und Selbstkongruenz) gilt den Selbstexplorationen des Klienten und verstärkt sie. In dieser Weise bietet der Berater **Hilfe zur Selbsthilfe!**

Die nachfolgende Einschätzungsskala zeigt, was Selbstexploration des Klienten im einzelnen bedeutet und wie sie sich einstufen läßt:

Skala I zur Einschätzung der Selbstexploration des Klienten
(Carkhuff 1969, zitiert nach Tausch 1973, S. 286)

Stufe 1:
Der Klient spricht nicht über persönlich bedeutsame Inhalte, entweder weil er keine Gelegenheit dazu hat oder weil er aktiv das Gespräch darüber vermeidet, auch wenn ihm das vom Berater nahegelegt wird.

Stufe 2:
Der Klient geht auf die persönlich bedeutsamen Inhalte ein, die der Berater ihm zuführt, aber er macht es nur mechanisch und ohne wirkliche Gefühle zu zeigen.

Stufe 3:
Der Klient bringt das Gespräch von sich aus auf persönlich bedeutsame Inhalte, aber er macht es nur mechanisch und ohne Ausdruck echter Gefühle.

Stufe 4:
Der Klient ist deutlich aktiv und spontan bemüht, neue Gefühle zu erfahren und Erfahrungen über sich und seine Umwelt zu machen.

Praktische Übung

Übung
Bitte stufen Sie anhand der angeführten Einschätzungsskala die **Selbstexploration** von Klienten **ein**.

Als Material verwenden Sie bitte:
1. Die Gesprächsprotokolle ("Seemann", "Braut", "Student") im **Kap. 4.1.**, S. 31-38;
2. Gesprächsausschnitte sowie einzelne Klientenäußerungen des **Kap. 4.2.6.** ("Verbalisierung emotionaler Erlebnisinhalte");
3. Protokolle oder Tonbandaufzeichnungen von Beratungsgesprächen, die Sie selber führten.

4.4. Kontrolle des Beratungsgeschehens

Anhand von **Tonbandaufzeichnungen** (Aufnahmen von echten Beratungsgesprächen oder von Rollenspielen) läßt sich das Verhalten eines Beraters am zuverlässigsten analysieren, kontrollieren oder verbessern.
Das Arbeiten mit dem Tonband gehört mit zum Beratungsalltag und sollte (besonders für den Anfänger!) regelmäßig stattfinden, und zwar in doppelter Form:

1. Eigenkontrolle:
Der Berater hört gelegentlich allein für sich Ausschnitte der Tonbandaufzeichnungen seines Gesprächs ab und analysiert sie.

2. Fremdkontrolle:
Der Berater führt Ausschnitte seiner Tonbandaufnahmen, die ihn besonders belasteten, einem anerkannten Supervisor oder einem Kollegenkreis (Arbeitsgruppe für Klientenzentrierte Gesprächsführung) vor und erhält so ein Feedback von außen.

Desweiteren können zur Kontrolle des Beratungsverhaltens **spezielle Einschätzungsbogen** benutzt werden:

1. Einschätzungsbogen für Klientenzentrierte Gesprächsführung.

2. Berater-Erfahrungsbogen (Eckert und Schwartz 1971).

   Im Sinne der Gegenkontrolle empfielt es sich besonders am Anfang, daß der Berater regelmäßig von seinem Klienten folgende Fragebogen ausfüllen läßt:

3. Klientenerfahrungsbogen (Tausch 1973, S. 248 f.),

4. Einschätzungsbogen des Beraterverhaltens durch den Klienten (Tausch 1973, S. 303 f.).

Auf den nachfolgenden Seiten werden diese **vier Einschätzungsbogen** vorgestellt:

Einschätzungsbogen für Klientenzentrierte Gesprächsführung

1. Verbalisierung emotionaler Erlebnisinhalte

1	2	3	4	5	6	
Belehrungen, Bewertungen, usw.	äußere Sachverhalte	nebensächliche Informationen	ein Teil wesentlicher Erlebnisinhalte	überwiegender Teil wesentlicher Erlebnisinhalte	alle wesentlichen Erlebnisinhalte, genaue Form	Durchschnitt der Gruppeneinschätzung

1. Gesprächsausschnitt
2. Gesprächsausschnitt
3. Gesprächsausschnitt
4. Gesprächsausschnitt

Gefühlsmäßige Gesamteinschätzung

2. Wertschätzung und warme Anteilnahme

1	2	3	4	5	
sehr wenig	wenig	eher viel als wenig (Grundstufe)	viel	sehr viel	Durchschnitt der Gruppeneinschätzung

1. Gesprächsausschnitt
2. Gesprächsausschnitt
3. Gesprächsausschnitt
4. Gesprächsausschnitt

Gefühlsmäßige Gesamteinschätzung

3. Echtheit und Selbstkongruenz

	1 sehr wenig	2 wenig	3 eher viel als wenig (Grundstufe)	4 viel	5 sehr viel	Durchschnitt der Gruppeneinschätzung
1. Gesprächsausschnitt						
2. Gesprächsausschnitt						
3. Gesprächsausschnitt						
4. Gesprächsausschnitt						
Gefühlsmäßige Gesamteinschätzung						

4. Selbstexploration des Klienten

	1 Nichts von sich selbst, nur äußere Sachverhalte	2 äußere Sachverhalte und eigenes Verhalten ohne innere Erlebnisinhalte	3 eigenes Verhalten oder äußere Vorgänge und innere Erlebnisinhalte	4 überwiegend innere Erlebnisinhalte	5 wie 4 und Suchen von Aspekten und Zusammenhängen	6 wie 4 und Finden von Aspekten	Durchschnitt der Gruppeneinschätzung
1. Gesprächsausschnitt							
2. Gesprächsausschnitt							
3. Gesprächsausschnitt							
4. Gesprächsausschnitt							
Gefühlsmäßige Gesamteinschätzung							

Berater-Erfahrungsbogen

Berater:-- Klient:---

Insgesamt----------------ter Kontakt am--
------------19----------

Bitte beantworten Sie die folgenden Fragen unmittelbar im Anschluß an das heutige Gespräch mit Ihrem Klienten

	ja, ganz genau	ja	eher ja	eher im Gegenteil	im Gegenteil	ganz im Gegenteil
1. Nach dieser Stunde fühle ich mich unbefriedigt.						
2. Das Gespräch heute drehte sich oft um dieselben Inhalte.						
3. Ich spürte, daß der Klient mir bzw. dieser Form der Psychotherapie vertrauensvoll gegenüber stand.						
4. Die Haltung des Klienten mir gegenüber hat mich in meinem Verhalten verunsichert.						
5. Ich hatte das Gefühl, daß der Klient sich in seinen Einstellungen sehr leicht beeinflussen ließ.						
6. Ich fühlte mich in der Beziehung zum Klienten sehr frei, wenig gezwungen und verhielt mich recht natürlich.						
7. Ich war heute so engagiert, daß ich mich wunderte, wie schnell die Zeit verging.						
8. Ich habe heute vom Klienten für meine Äußerungen oft Bestätigung erhalten.						
9. Nach diesem Gespräch bin ich bezüglich der Beratung eigentlich recht optimitisch.						

Fortsetzung
Berater-Erfahrungsbogen

	ja, ganz genau	ja	eher a	eher im Gegenteil	im Gegenteil	ganz im Gegenteil
10. Ich hatte heute das Gefühl, daß der Klient noch mit etwas "hinter dem Berge zurückhielt".						
11. Ich fühlte mich dem Klienten irgendwie unterlegen.						
12. Ich hatte den Eindruck, daß der Klient heute wenig vorangekommen ist.						
13. Es fiel mir heute schwer, die Äußerungen des Klienten angemessen zu reflektieren.						

Wenn in Richtung "ja" beantwortet: Warum?
(Schildern Sie bitte kurz die Gründe, die Ihrem Eindruck nach wesentlich waren).

Klienten-Erfahrungsbogen

Code----------------------------------Name--

Insgesamt-----------tes Beratungsgespräch am-------------------------------19--------

Berater in diesem Gespräch---

Bitte beantworten Sie die folgenden Fragen zum heutigen Beratungsgespräch - möglichst noch heute

	ja, ganz genau	ja	eher ja	eher im Gegenteil	im Gegenteil	ganz im Gegenteil
1. Pausen während unseres Gesprächs haben mich belastet.						
2. Während des Gespräches - und auch jetzt noch - fühle ich mich körperlich entspannt.						
3. Durch die Zurückhaltung des Beraters fühlte ich mich verunsichert.						
4. Im heutigen Gespräch erschienen mir einige meiner Probleme im neuen Licht.						
5. Nach dem heutigen Gespräch bin ich innerlich irgendwie ruhiger geworden.						
6. Ich fühlte mich gehemmt, dem Berater alles zu sagen, was mich beschäftigte.						
7. Es fiel mir heute schwer, meine Empfindungen und Gedanken in Worte zu fassen.						
8. Ich sehe nach dieser Stunde dem kommenden Tag zuversichtlicher entgegen.						
9. So wie das Gespräch heute lief, hat es mich nicht befriedigt.						

Fortsetzung
Klienten-Erfahrungsbogen

	ja, ganz genau	ja	eher ja	eher im Gegenteil	im Gegenteil	ganz im Gegenteil
10. Nach dieser Stunde bin ich eigentlich optimistischer, was die Lösung meiner Probleme angeht.						
11. Unser Gespräch war so intensiv, daß ich mich jetzt erschöpft fühle.						
12. Heute sind wir irgendwie weitergekommen.						
13. Nach diesem Gespräch fühle ich mich belasteter als in den Stunden vor dem Gespräch.						
14. Ich habe durch dieses Gespräch mehr Vertrauen zu mir selbst gewonnen.						

Einschätzungsbogen des Beraterverhaltens durch den Klienten

Code--- Name---

Insgesamt--------------tes Beratungsgespräch am-------------------------------19---------------------

Name des Beraters---

Bitte beurteilen sie die folgenden Fragen zum heutigen Beratungsgespräch - möglichst noch heute

	ja, sehr	ja, etwas	nein	nein, überhaupt nicht
1. Berater war freundlich und voller Wärme zu mir.				
2. In unserer Beziehung war zu viel Abstand und Distanz.				
3. Berater behandelte mich mit Achtung und respektierte mich als Person.				
4. Berater verstand, was ich meinte und fühlte.				
5. Ich fühlte, daß der Berater eine Rolle vor mir spielte.				
6. Berater war passiv und bemühte sich nicht genug.				
7. Ich fühlte, daß der Berater mich nicht anerkennt und meine ganze Art nicht billigt.				
8. Mit der Art, wie der Berater meine Probleme betrachtete und auf sie reagierte, war ich zufrieden.				
9. Die Gefühle des Beraters mir gegenüber waren gleichbleibend, gleich was ich sagte.				

Fortsetzung
Einschätzungsbogen

	ja, sehr	ja, etwas	nein	nein, überhaupt nicht
10. Seine eigene Haltung zu den Dingen, die ich sagte oder tat, hinderte den Berater daran, mich zu verstehen.				
11. Berater verstellte sich nicht in seinen Gefühlen.				
12. Was ich auch von mir erzählte, die Gefühle des Beraters mir gegenüber änderten sich nicht.				
13. Berater reagierte auf mich so berufsmäßig und schablonenhaft, daß ich nicht wirklich zu ihm durchdrang.				

5. Gefahren und Laster der Gesprächsführung

Bevor Sie sich mit den nachfolgenden Informationen beschäftigen, überlegen Sie bitte für einige Minuten:
- Was sind die größten Gefahren der Gesprächsführung?
- Zu welchen Fehlhaltungen beim helfenden Gespräch neige ich persönlich?

Nicht nur im Alltag, in Schule und Beruf, in Familie und Freundeskreis, sondern auch in vielen Beratungssituationen wird durch die Art der Gesprächsführung häufig nicht persönliches Wachstum gefördert.
Für einen Gesprächsleiter ist es daher wichtig, daß er sich der konkreten Gefahren und Belastungen bewußt wird und diese belastenden Verhaltensweisen als Laster erkennt und meidet.

In Form eines "*Lasterkatalogs*" werden nachfolgend die 18 häufigsten Verstöße gegen die Prinzipien der Klientenzentrierten Gesprächsführung aufgezählt und kurz erklärt.

Lasterkatalog
(nach Weber 1991, S. 40-42)

1. Dirigieren, d.h. Ratschläge, Mahnungen oder Befehle aussprechen, fertige Lösungen vorlegen, zu Überredung und Manipulation greifen. Dieses Vorgehen ist fragwürdig: weil dahinter oft eine kurzschlüssige Abfertigung steht, weil der Berater höchst selten einen indivuduell maßgeschneiderten Rat finden kann, weil der Klient abhängig und unselbständig wird, weil die Gefühle, Gedanken und Lösungsversuche des Klienten mißachtet werden, weil im Klienten leicht Gefühle der Angst, des Widerstands und der Wut entstehen: Er fühlt sich weder verstanden noch angenommen.

2. Moralisieren, d.h. negative oder positive Werturteile aussprechen. Wenn negative Werturteile ausgesprochen werden, entstehen folgende Gefahren: Der Klient fühlt sich minderwertig und verurteilt. Er bekommt Schuldgefühle und Angst. Entweder zieht er sich dann zurück und verdrängt negative Empfindungen, oder aber er lehnt sich auf und greift seinerseits zu negativer Kritik (unfruchtbarer Streit!). Werden positive Werturteile ausgesprochen (Lob!), entstehen ebenfalls Gefahren: Das Fehlen von Lob kann als stillschweigende Kritik verstanden werden. Der Klient vermutet, daß auf positives Urteilen bald auch negative Wertungen folgen. Er braucht ständiges Lob und wird so abhängig. Das positive Werturteil kann als Schmeichelei oder als Manipulation verstanden und insofern abgelehnt werden.

3. Debattieren, d.h. Streitgespräche führen, rechthaberisch den eigenen Standpunkt vertreten.

4. Dogmatisieren, d.h. Aussagen von nicht hinterfragbarer Autorität verbreiten, "Lehrsätze" aus Theologie und Psychologie, "Lebenserfahrung" und "Volksweisheit".

5. Bagatellisieren, d.h. ein Problem oder Gefühl des Gesprächspartners herunterspielen und als geringfügig ansprechen. Die Gefahr des Bagatellisierens entsteht oft beim Trösten, Beruhigen und Ermutigen. Weil die Situation so bedrohlich aussieht (für Klient und Berater), möchte man sie herunterspielen. Der Klient fühlt sich nicht verstanden und von oben herab behandelt.

6. Generalisieren, d.h. ein allgemeines Schema anwenden und so die Allgemeinheit gegen das Individuum ausspielen; zu unzulässigen Verallgemeinerungen greifen (z. B. Wörter benützen wie "alles", "immer", "nie").

7. Diagnostizieren (in einseitiger Weise), das bedeutet hier: schnell und verallgemeinernd und endgültig eine Diagnose aussprechen, so daß der Klient seine individuelle Freiheit verliert und außerdem durch die Diagnose schockiert wird.

8. Interpretieren (in einseitiger Weise), das bedeutet hier: eigenwillig und subjektiv auslegen, Dinge hineintragen oder herauslesen, die nicht wirklich angesprochen sind. Ein Interpretieren kann hilfreich sein, sofern es sich der Klient aneignen kann; am fruchtbarsten ist es, wenn er die Interpretation selber findet. Die Gefahr ist groß, daß der Berater einseitig oder verfrüht interpretiert, daß er eine unpassende Interpretation aufpfropfen will. Der Klient fühlt sich dann nicht verstanden, autoritär behandelt, ist verärgert und zieht sich zurück.

9. Projizieren, d.h. eigene Erfahrungen, Gedanken und Gefühle auf den Gesprächspartner übertragen, von subjektiven Erfahrungen auf den anderen schließen.

10. Rationalisieren, d.h. in einseitiger Weise logisch - intellektuell vorgehen und dabei die Gefühlswelt mißachten. Der Klient reagiert auf Rationalisierungen leicht so: "Das weiß ich natürlich auch. Aber das ist nicht alles! Mein Berater versteht mich nicht ganz!" Noch größer ist die Gefahr, daß das Rationalisieren des Beraters den Klienten veranlaßt, selbst immer mehr zu rationalisieren und sich so von seinen Gefühlen und seinem Unbewußten immer mehr abzuwenden.

11. Monologisieren, d.h. viel und langatmig reden, dabei den anderen aus den Augen verlieren.

12. Emigrieren, d.h. innerlich oder äußerlich auswandern und abschalten, abwehren, gleichgültig sein.

13. Sich identifizieren (in einseitiger Weise), d.h. in der Welt des Partners aufgehen, die nötige Distanz und die Selbstkontrolle verlieren. Vgl. das Kapitel 4.5. "Distanz und Nähe".

14. Abstrahieren, d.h. abstrakt und allgemein reden, wissenschaftliche Fachsprache benützen.

15. Sich fixieren, d.h. sich selber auf bestimmte Rollen festlegen oder sich vom Gesprächspartner eine feste Rolle zuschieben lassen (z.B. die Rolle des allwissenden Berater, des "Züngleins an der Waage", der "tröstreichen Mutter").

16. Externalisieren, d.h. Randprobleme zur Sprache bringen und den Gesprächspartner zurückspiegeln (z.B. partnerfremde Probleme, Äußerlichkeiten, gefühlsferne Themen).

17. **Examinieren**, d.h. ausfragen, zu viel fragen, aushorchen, verhören. Das Examinieren kann vom Klienten leicht als bohrende Neugier und als Einschränkung seiner Redefreiheit verstanden werden - er wird sich wahrscheinlich zurückziehen. Wenn der Berater viele Fragen stellt, nimmt beim Klienten die Selbstbefragung und Selbsterkundung (Selbstexploration) ab. Dafür erwartet er, daß der Berater im Anschluß an sein ausführliches Fragen auch eine ausführliche Antwort liefert - die Eigeninititative des Klienten kommt also nicht zum Zug.

18. **Umfunktionalisieren**, d.h. den Partner unterbrechen und das Gespräch gegen seinen Willen in eine bestimmte Richtung lenken (z.B. durch unmotiviertes Fragen). Ein Umfunktionieren führt zu Ablenkung und Verdrängung. Die echte Kommunikation bricht ab.

Praktische Übungen

Übung 1

Bitte definieren Sie (Weber 1991, S. 42 f.), welche Gefahren und Laster hinter folgenden weitverbreiteten Redensarten stehen.
1. So schlimm ist doch Ihr Schicksal gar nicht. Andere müssen noch viel mehr ertragen.
2. Wenn Sie sich wirklich angestrengt hätten, wäre es nicht so weit gekommen.
3. Es wird schon wieder werden. Nach Regen kommt wieder Sonnenschein. Auf Dezember folgt wieder ein Mai.
4. Immer wenn Du meinst, es geht nicht mehr, kommt von irgendwo ein Lichtlein her.
5. Sehen Sie doch nicht nur auf die Schattenseiten Ihres Lebens! Es gibt doch auch Licht und Freude - man muß das nur entdecken.
6. Sie lassen sich von jedem kleinen Schicksalsschlag aus der Fassung bringen.
7. Andere Menschen sind nicht so verzagt und verbittert.
8. Nimm das Kreuz geduldig auf dich! Wer weiß, wozu es gut ist.
9. Kopf hoch, wenn das Wasser bis zum Hals steht.
10. Allen Gewalten zum Trutz sich erhalten, rufet die Arme der Götter herbei.
11. Nur nicht die Hoffnung aufgeben!
12. Wen Gott liebt, den züchtig er.
13. Ich habe schon Schlimmeres erlebt.
14. Ich meine, daß Sie zu viel jammern und zu viel schimpfen.
15. Lerne leiden, ohne zu klagen.

Übung 2

Beurteilen Sie bitte die folgenden Antworten aus dem Gespräch eines Seelsorger danach, ob sie (a) generalisierend, (b) dogmatisierend, (c) moralisierend, (d) interpretierend, (e) diagnostizierend, (f) nur Äußerlichkeiten und Nebensachen verbalisierend sind. Schreiben Sie den betreffenden Buchstaben hinter die verschiedenen Antworten; entscheiden Sie sich jeweils für den Buchstaben, der am stärksten zum Zuge kommt (Faber-Schoot 1968, S. 56- 58):

1. Frau (69 Jahre): "Ich hoffe nicht, daß Sie mich albern finden, Herr Pfarrer, wenn ich Ihnen erzähle, was mich bedrückt."

- "Viele Menschen haben Angst, ihre Probleme könnten albern gefunden werden" ( ).
- "Menschen in Ihrem Alter brauchen doch keine Angst mehr zu haben, ihre Nöte offen auszusprechen" ( ).

2. "Ich komme damit nicht zurecht ... Ich kann nicht darüber hinwegkommen, daß mein Bruder gestorben ist ... "

- "Ist dies nicht ein Zeichen dafür, wie tief Gott die Bande der Liebe in Menschenherzen legt?" ( ).
- "Es gibt viele Menschen, die an diesem Punkt Schwierigkeiten haben" ( ).
- "Das ist vielleicht ein Charakterzug von Ihnen, daß Sie Menschen, die eine Rolle in Ihrem Leben spielen, schwer loslassen können" ( ).
- "Nach einem Jahr müssen wir doch versuchen, uns auch wieder anderen Dingen zuzuwenden' ( ).

3. "Es ist, als ob das Leben keinen Sinn mehr hat ... "

- "Ob es nicht besser wäre, wenn Sie sich nicht zu viel mit der Vergangenheit beschäftigten" ( ).
- "Gott ist ein Gott der Lebenden, nicht der Toten" ( ).
- "Das scheint mir ein Zeichen dafür zu sein, daß Sie sich zuviel mit sich selbst beschäftigen" ( )
- "Solche Gedanken kommen einem oft nach einem Todesfall" ( ).

4. "Wenn man nach Hause kommt, fällt die Leere immer wieder auf einen ... "

- "Häuser können, wenn jemand, den man geliebt hat, nicht mehr da ist, solch einen leeren Eindruck machen" ( ).
- "Das kommt, scheint mir, weil Sie mit Ihren Gedanken zuviel bei Ihrem Bruder sind" ( ).
- "Sie müssen versuchen, etwas tapfer zu sein" ( ).

5. "Ist das Sünde, Herr Pfarrer, wenn man so etwas sagt?"

- "Sie haben das Gefühl, gegen sich selbst kämpfen zu müssen und haben Angst, dabei in Sünde verstrickt zu werden" ( ).
- "Es gibt Menschen, die machen in dieser Frage einen Unterschied zwischen Eigenliebe und Sünde" ( ).
- "Solche Fragen kommen oft bei Menschen auf, die durch großes Leid getroffen sind" ( ).

Übung 3

Im folgenden (Faber-Schoot 1968, S. 16 ff.) sind **zu vier Klientenäußerungen je acht verschiedene Erwiderungen** abgedruckt. **Bitte beurteilen Sie** jede dieser Erwiderungen mit einer Ziffer 1-6 (Ziffer 1 = sehr gut, Ziffer 6 = sehr schlecht). Welche Gefahren und Laster stehen hinter diesen Erwiderungen? (Kl. = Klientin, A = Antwort).

Kl.:	Herr Pfarrer, ich hoffe, daß ich Sie nicht störe. Ich weiß, daß Sie viel zu tun haben!	
A1:	Ich bin in der Tat beschäftigt, aber nehmen Sie nur Platz.	1 2 3 4 5 6
A2:	Sie wissen nicht recht, ob Sie mit Ihren Fragen jemand aufsuchen sollen, von dem Sie vermuten, daß er viel zu tun hat.	1 2 3 4 5 6
A3:	Ach, so schlimm ist's auch wieder nicht.	1 2 3 4 5 6
A4:	Wir wollen uns nicht lange bei Vorreden aufhalten. Sie haben sich telefonisch angemeldet. Wo drückt der Schuh?	1 2 3 4 5 6
A5:	Ich habe mir diese Stunde für Sie freigehalten. Wir haben also Zeit, um ruhig miteinander zu reden.	1 2 3 4 5 6
A6:	Ich scheine ein schlechter Pastor zu sein; ich höre diese Bemerkung jeden Tag ein- oder zweimal.	1 2 3 4 5 6
A7:	Sie wissen nicht recht, ob Sie die Zeit eines Pfarrers beanspruchen dürfen.	1 2 3 4 5 6
A8:	Kommen sie, setzen Sie sich erst einmal hin. Wir haben jetzt genügend Zeit, um ungestört miteinander zu sprechen.	1 2 3 4 5 6

Kl.:	Ich habe da ein schwieriges Problem, ich weiß eigentlich gar nicht, wie ich es erzählen soll.	
A1:	Darf ich Sie fragen? Haben Sie vielleicht Probleme mit Ihren Kindern?	1 2 3 4 5 6
A2:	Lassen Sie sich ruhig Zeit.	1 2 3 4 5 6
A3:	Sie finden es schwierig, es zu sagen.	1 2 3 4 5 6
A4:	Meiner Erfahrung nach geht es meistens von selbst, wenn man einmal im Erzählen ist. Ich würde also vorschlagen, daß Sie einfach anfangen!	1 2 3 4 5 6
A5:	(Der Pfarrer schweigt)	1 2 3 4 5 6
A6:	Sie wissen nicht, wie anfangen!	1 2 3 4 5 6
A7:	Zu mir können Sie doch Vertrauen haben!	1 2 3 4 5 6
A8:	Sagen Sie es in einem Satz.	1 2 3 4 5 6

Kl.:	Ich habe entdeckt, daß mein Mann schon seit zwei Jahren ein Verhältnis mit seiner Sekretärin hat. Was sagen Sie dazu?	
A1:	Sie sind sehr erschrocken über diese Entdeckung.	1 2 3 4 5 6
A2:	Na, in Ihrer Haut möchte ich jetzt nicht stecken!	1 2 3 4 5 6
A3:	Was wollen Sie jetzt von mir hören?	1 2 3 4 5 6
A4:	O, wie schlimm!	1 2 3 4 5 6
A5:	Wann haben Sie denn das entdeckt?	1 2 3 4 5 6
A6:	Sie haben das Gefühl, daß Sie vor einer Situation stehen, die fast zuviel für Sie ist.	1 2 3 4 5 6
A7:	Ich finde das schlecht von Ihrem Mann.	1 2 3 4 5 6

A8:	Ich kenne die näheren Beweggründe Ihres Mannes nicht, aber als Geistlicher muß ich sagen: Sein Verhalten verstößt gegen die göttliche Schöpfungsordnung!	1 2 3 4 5 6

Ein Pfarrer macht einen Klinikbesuch bei einem Patienten, der an einer unheilbaren Krankheit leidet. Der Patient ahnt den Sachverhalt, ohne Genaueres zu wissen, und fragt nach der Begrüßung den Pfarrer:

Kl.:	Herr Pfarrer, sagen sie mir: Muß ich sterben?	
A1:	Selbstverständlich müssen Sie sterben, wir müssen alle sterben!	1 2 3 4 5 6
A2:	Und wenn es so wäre?	1 2 3 4 5 6
A3:	Warum fragen Sie das?	1 2 3 4 5 6
A4:	Soweit ich den Arzt verstanden habe, bleibt Ihnen nur noch wenig Zeit.	1 2 3 4 5 6
A5:	Die Frage Ihres Todes beschäftigt Sie wohl sehr!	1 2 3 4 5 6
A6:	Eigentlich sollte man als Christ immer auf das Sterben vorbereitet sein.	1 2 3 4 5 6
A7:	Sie haben über diese Fragen in letzter Zeit viel nachgedacht.	1 2 3 4 5 6
A8:	Nun machen Sie sich doch darüber keine Sorgen - denken sie lieber ans Gesundwerden!	1 2 3 4 5 6

Übung 4

Lesen Sie bitte die drei vollständig dargebotenen Gesprächsprotokolle "Seemann", "Braut", und "Student" (Kap. 4.1., S. 29 ff.). Sie finden hier praktische Beispiele dafür, daß eine Gesprächsführung möglich ist, die auf sämtliche Elemente des "Lasterkatalogs" verzichtet.

Übung 5

Suchen Sie zu der nachstehenden Klientenäußerung die **18 Antworttypen** (Weber 1991, S. 47), die im Sinne des "*Lasterkatalogs*" falsch sind:
Situation: Eine geschiedene Frau, berufstätig, Alter 42 Jahre, berichtet über ihre Schwierigkeiten im Betrieb. Sie arbeitet in einer Abteilung mit vier jüngeren Kollegen zusammen. Ihr Vorgesetzter, obwohl verheiratet, unternahm deutliche Annäherungsversuche. Die Frau lehnte entschieden ab. Die Folge war ständige Nörgelei und Kritik an ihrer Arbeit. Sie erklärt gegenüber dem Berater:
- Wie soll ich mich diesem Mann gegenüber verhalten? Ich stehe am Rande eines Nervenzusammenbruchs.

6. Register zu den Übungen (Übungsaufgaben)

Sämtliche in diesem Lern- und Lehrbuch enthaltenen Übungen und Übungsaufgaben sind im nachfolgenden Register **nach Kapitelnummern chronologisch geordnet und unter Angabe des Inhaltes und der betreffenden Seitenzahl übersichtlich aufgeführt.**

Damit ist ein guter Überblick über das zu bewältigende Stoffgebiet ebenso gewährleistet, wie das rasche Auffinden von Übungen und Übungsaufgaben.
Desweiteren ist anhand des Umfanges von Übungen (Übungsaufgaben) der Stellenwert und die Bedeutung eines Stoffgebietes zu erkennen. So nehmen die im Register enthaltenen Übungen zur Beratervariable "Verbalisierung emotionaler Erlebnisinhalte" den breitesten Raum ein. Stellenwert, Bedeutung und Übungscharakter dieser Beratervariable wird damit angemessen gewürdigt.

Kapitel 3.1.
Praktische Übungen zu "Offensein für Mut und Hoffnung"

Ü 1:	Rollenspiel zu fünfzehn Menschenschicksalen	11-13
Ü 2:	Gruppendiskussion zum Thema "Hoffnungslosigkeit und ihre Überwindung"	13
Ü 3:	Reflexionsübung zum eigenen Leben	13

Kapitel 3.2.
Praktische Übung zu Distanz und Nähe

Ü1 :	Übung zur Körpererfahrung mit Rollenwechsel, Partnerwechsel und anschließender Reflexion und Gruppendiskussion	15-16
Ü2 :	Übung zur Körpererfahrung: "Umarmungsübung"	16

Kapitel 3.3.
Praktische Übung zum Gesprächsanfang

Ü1 :	Optimales Verhalten bei schwierigen Anfangssituationen üben	18-19
Ü2 :	Rollenspiel zu "Optimale Beraterreaktionen"	19

Kapitel 3.4.
Praktische Übungen zu Gesprächspausen

	Zwei "Einstimmungsübungen" zum Kapitel 3.4. Gesprächspausen	20
Ü 1:	Rollenspiel	22
Ü 2:	Beraterverhalten schriftlich überlegen	22
Ü 3:	Reflexion zu Tonbandaufzeichnungen	22

Kapitel 3.5.
Praktische Übungen zu "Fragen an den Berater"

(1)	Beraterantworten schriftlich fixieren und anschließend in der Arbeitsgruppe oder mit dem Supervisor besprechen	25-26
(2)	Beraterantworten spontan geben und anschließend die Antworten mit dem Supervisor oder in der Arbeitsgruppe besprechen	25-26

Kapitel 3.6.
Praktische Übung zum Gesprächsabschluß

Ü :	Rollenspiel: Unter erschwerten Bedingungen ein Gespräch abschließen	28

Kapitel 4.1.
Einführung in die Praxis der Klientenzentrierten Gesprächsführung

	Gesprächsprotokoll "Seemann"	31-33
	Gesprächsprotokoll "Braut"	34-35
	Gesprächsprotokoll "Student"	36-38

Kapitel 4.2.1.
Praktische Übungen zur Selbstwahrnehmung und Selbstkontrolle

Ü 1:	Allgemeine Momentaufnahme zur eigenen Person	42
Ü 2:	Gezielte Momentaufnahme zur eigenen Person	42
Ü 3:	Kommunikation mit den Händen	42-43
Ü 4:	Gefühlsfragebogen	43-44

Kapitel 4.2.2.
Einstiegsübung zu "Toleranz und partnerschaftliches Verhalten"

Ü :	Gruppenphantasie: "Vorurteile"	45

Kapitel 4.2.3.
Praktische Übungen zur "partnerzentrierten Methode"

Ü 1:	Partnerübung zur Sensibilisierung für partnerschaftliche und partnerzentrierte Vorgänge mit anschließender Gruppenaussprache	47
Ü 2:	Rollenspiel zur partnerzentrierten Methode	47
Ü 3:	Gruppendiskussion zu Fragen der partnerzentrierten Methode	47

Kapitel 4.2.4.
Praktische Übung zum "Zuhören mit Methode"

Ü:	Rollenspiel mit anschließender Aussprache (Gruppendiskussion)	49-50

Kapitel 4.2.5.
Praktische Übungen zur Beratervariable: "Wertschätzung und warme Anteilnahme"

Ü 1:	Gesprächsprotokoll analysieren	52-53
Ü 2:	Beraterantworten auswählen, aus denen Wertschätzung und Wärme hervorgeht	53
Ü 3:	Übung zur Unterscheidung von fördernden und hemmenden Reaktionen	53-55
Ü 4:	Gruppendiskussion über Wertschätzung und Wärme geben und empfangen	56

Kapitel 4.2.6.
Praktische Übungen zur Beratervariable: "Verbalisierung emotionaler Erlebnisinhalte"

Ü 1:	Berateräußerungen einstufen nach der Einschätzungsskala von Truax	60-61
Ü 2:	Die Qualität von Beraterantworten prüfen und anschließend das eigene Ergebnis mit der mitgelieferten Musterlösung vergleichen	61-63
Ü 3:	Beraterantworten formulieren und sie anschließend gemäß der Einschätzungsskala von Truax bewerten	64-65
Ü 4:	Zu jeder Klientenäußerung werden fünf modellhafte Beraterantworten vorgegeben, die zu bewerten sind	65-68
Ü 5:	Zu 25 geäußerten Empfindungen sind Synonyme und Antonyme zu bilden	68-69

Ü 6:	Zu fünf Klientenäußerungen werden jeweils sechzehn modellhafte Berater-antworten vorgestellt (vier Synonyme, vier Antonyme, vier Berater-äußerungen, die die Wünsche und Ziele des Klienten verbalisieren, und vier Beraterreaktionen, die Anregungen und Impulse geben) Ihre Aufgabe ist es, die aus Ihrer Sicht hilfreichste Antwort anzukreuzen und eine eigene optimale Beraterantwort zu bilden	69-74
Ü 7:	Rollenspiel, wobei jeder einmal die Rolle des Klienten, Beraters und teil-nehmenden Beobachters innehat	75
Ü 8:	Zu Klientenäußerungen sind zwei Beraterantworten zu bilden (B1: Gefühle verbalisieren; B2: Wünsche und Ziele spiegeln)	75-76
Ü 9:	Selbsterfahrungsübung mit Gelegenheit zur Selbstexploration und zum Spiegeln	76
Ü 10:	Drei Rollenspiele (Klient/Berater/Beobachter)	77-79
Ü 11:	Besprechung von Tonbandaufzeichnungen (aus Rollenspielen und echten Beratungsgesprächen)	79
Ü 12:	Analysieren von Gesprächsprotokollen	80
Ü 13:	Reflexion der Interaktionen innerhalb der Arbeitsgruppen beim Besprechen von Tonbandaufzeichnungen und Gesprächsprotokollen	80
Ü 14:	Üben der spiegelnden Methode auch innerhalb alltäglicher Begegnungen	80
Ü 15:	Für eine Vielzahl von Klientenäußerungen, die nicht miteinander im Zusam-menhang stehen, eine optimale Beraterantwort finden	80-85

Kapitel 4.2.7.
Praktische Übungen zur Beratervariable: "Echtheit und Selbstkongruenz"

	Zwei Einstimmungsübungen zur Beratervariable: "Echtheit und Selbst-kongruenz"	86
Ü 1:	Übung zur Körperwahrnehmung und Brainstorming	89
Ü 2:	Die Folgen von direkten Gefühlsäußerungen erkennen lernen	89-90
Ü 3:	Sensibel werden für Kongruenz bzw. Inkongruenz zwischen Körpersignalen und verbalen Äußerungen	91
Ü 4:	Das eigene Beraterverhalten bezüglich Echtheit und Selbstkongruenz ein-schätzen	91
Ü 5:	Nonverbale Übungen, um gleichzeitig klientenzentriert und echt und identisch mit sich selbst zu sein	92
Ü 6:	Selbsterfahrungsübung innerhalb der Lerngruppe oder der Einzelsuper-vision	92-93
Ü 7:	Rollenspiel zur Echtheit und Selbstkongruenz innerhalb der Lerngruppe	93-94

Kapitel 4.3.
Praktische Übung zur Selbstexploration des Klienten

Ü :	Übung zur Einstufung der Selbstexploration des Klienten	96

Kapitel 5.
Praktische Übungen zum "Lasterkatalog"

Ü 1:	"Laster der Gesprächsführung" herausfinden, die in gängigen Redensarten stecken	108
Ü 2:	"Laster der Gesprächsführung" in Beraterantworten herausfinden	108-109
Ü 3:	Beraterantworten überprüfen, ob sie "Laster der Gesprächsführung" enthalten	110-111
Ü 4:	Die Gesprächsprotokolle von Kapitel 4.1. studieren als praktische Beispiele dafür, auf sämtliche Elemente des "Lasterkatalogs" zu verzichten	111
Ü 5:	Zu einer Klientenäußerung 19 Antworttypen bilden, die im Sinne des "Lasterkatalogs" falsch sind	111

7. Bibliographie

7.1. Basisliteratur zur Beratung

BANG, R.: Psychologische und methodische Grundlagen der Einzelfallhilfe. München 1968

BARCLAY, J. R.: Foundations of counseling strategies. New York 1971

BAUMGARTNER, I.: Pastoralpsychologie. Einführung in die Praxis heilender Seelsorge. Düsseldorf 1990

BIERKENS, P.: Gespräch: Helfende Begegnung. Köln 1973

BIESTEK, F.: Wesen und Grundsätze der helfenden Beziehung in der Sozialen Einzelfallhilfe. Freiburg 1968

BISCHOFBERGER, T.: Beratung oder Gesprächsführung? In: Brennpunkt, 42, 1990, S. 5-7

HOFFMAN, N (Hrsg.): Therapeutische Methoden in der Sozialarbeit. Salzburg 1977

HORNSTEIN, W./Basine, R./Junker, H./Wulf, Ch. (Hrsg.): Beratung in der Erziehung (Funkkolleg), 2 Bände. Frankfurt 1977

HOUBEN, A.: Klinisch-psychologische Beratung. München 1975

JACOBI, J. R./Bastine, R.: Soziopsychologische Erklärungsmodelle. In: Hornstein, W. u.a. (Hrsg.): Beratung in der Erziehung (Funkkolleg). Frankfurt 1977, S. 115-142

JUNKER, H.: Das Beratungsgespräch. München 1973

JUNKER, H.: Theorien der Beratung. In: Hornstein, W. /Bastine, R ./Junker, H. /Wulf, Ch. (Hrsg.): Beratung in der Erziehung (Funkkolleg). Frankfurt 1977, S. 285-310

KAMPHIUS, M.: Die persönliche Hilfe in der Sozialarbeit unserer Zeit. Stuttgart 1963

KORSCHORKE, M.: Unterschichten und Beratung. In: Wege zum Menschen, 4, 1973, S. 129-163

LATTKE, H.: Das helfende Gespräch. Freiburg 1969

LÜCKERT, H. R. (Hrsg.): Handbuch der Erziehungsberatung. München 1964

MAAS, H.: Soziale Einzelfallhilfe. In: Friedländer/Pfaffenberger (Hrsg.): Grundbegriffe und Methoden der Sozialarbeit. Neuwied 1966, S. 15-111

PERLMANN, N.: Soziale Einzelfallhilfe als problemlösender Prozeß. Freiburg 1969

SCHUMANN, H.: Das Konzept integrativer Methodik in der Sozialarbeit. Berlin 1974

SCHUTZ, W. C.: Freude. Gruppentherapie, Sensitivitytraining, Ich-Erweiterung. Reinbek 1977

THILO, J.: Beratende Seelsorge. Göttingen 1971

7.2. Basisliteratur zum Klientenzentrierten Ansatz

ALTERHOFF, G.: Grundlagen Klientenzentrierter Beratung. Stuttgart ²1994

BASTINE, R.: Einführung in die Klientenzentrierte Gesprächspsychotherapie. In: Wege zum Menschen, Beilage "Praxis der Familienberatung", Göttingen, 4, 1971, S. 481-486

BOMMERT, H.: Grundlagen der Gesprächspsychotherapie. Stuttgart 1977

FABER, H., Van der Schoot, E.: Praktikum des seelsorgerlichen Gesprächs. Göttingen 1968

FALBESANER, Th.: Kritische Anmerkungen zum Variablenansatz in der Gesprächspsychotherapie. In: GwG Zeitschrift, 19, 1974, S. 24-79

GESELLSCHAFT für wissenschaftliche Gesprächspsychotherapie (Hrsg.): Die Klientenzentrierte Gesprächspsychotherapie. München 1975

GURMAN, A. S.: Therapist's mood patterns and therapeutic facilitativeness. In: Journal consel. Psychol. 19, 1972, S. 169-170

MARTIN, D. G.: Gesprächspsychotherapie als Lernprozeß. Salzburg 1975

MINSEL, W.-R.: Praxis der Gesprächspsychotherapie. Wien 1974

MUCCHIELLI. R.: Das nicht-direktive Beratungsgespräch. Salzburg 1972

ROGERS, C. R.: Counseling and psychotherapy. Boston. 1942 (Deutsche Ausgabe: Die nicht-direktive Beratung. München 1972)

ROGERS, C. R.: Client-entered therapy. Boston. 1951 (Deutsche Ausgabe: Die klient-bezogene Gesprächstherapie. München 1973)

ROGERS, C. R.: On becoming a person. New York 1961 (Deutsche Ausgabe: Entwicklung der Persönlichkeit. Stuttgart 1973)

ROGERS, C. R.: Therapeut und Klient. München 1977

ROGERS, C. R.: Die klientenzentrierte Gesprächspsychotherapie. Frankfurt 1983

ROGERS, C. R.: Therapeut und Klient. Grundlagen der Gesprächspsychotherapie. Frankfurt 1983

SCHARFENBERG, J.: Seelsorge als Gespräch. Göttingen 1972

SCHWAB, R.: Untersuchungen über Selbstöffnung von Helfern in kurzzeitigen Gesprächen. Im Manuskript 1978

SCHWÄBISCH, L./Siems, M.: Anleitung zum sozialen Lernen für Paare, Gruppen und Erzieher. Kommunikations- und Verhaltenstraining. Reinbek 1974

TAUSCH, R.: Gesprächspsychotherapie. Göttingen (1960) ^{4}1970

TAUSCH, R.: Gesprächspsychotherapie. Göttingen (1960) ^{5}1973

TAUSCH, R.: Personenzentrierte Gesprächspsychotherapie. In: Pongratz, L. J. (Hrsg.): Handbuch der Psychologie, Band 8. Göttingen 1978, S. 1911-1954

TAUSCH, R. und TAUSCH, A.-M.: Gesprächspsychotherapie. Göttingen (1960) ^{9}1990

TAUSCH, R./Roedler, J. R.: Client-centered Gesprächspsychotherapie. In: Schraml, W. S. (Hrsg.): Klinische Psychologie. Bern 1970

VROLIJK, A./ Dijkema, M.F./ Timmerman, G.: Gesprächsmodelle. Ein programmiertes Gesprächstraining. München 1973

WEBER, Wilfried: Wege zum helfenden Gespräch. Gesprächspsychotherapie in der Praxis. München ^{9}1991

7.3. Aufbau- und Spezialliteratur

7.3.1. Empirische Überprüfung des Klientenzentrierten Ansatzes

ABRAMOWITZ, C. V./Abramowitz, S. I./Roback, H. B./Jackson, C.: Differential effectiveness of directive and nondirective group therapies as a function of client internal-external control. In: Journal consult. clin. Psychol., 42, 1974, S. 849-853

ALTMANN, H. A.: Effects of empathy, warmth, and genuineness in the initial counseling interview. In: Counselor Education and Supervision, 12, 1973, S. 225-228

ANTHONY, W. A.: A methodological investigation of the "minimally facilitative level of interpersonal functioning". In: Journal clin. Psychol., 27, 1971, S. 156-157

BACHRACH, A./Empathy, J. We know what we mean, but what do we measure? In Archives of Gernal Psychiatry, 35, 1976, S. 35-38

BANDURA, A.: Self-efficacy Toward a unifying theory of behavioral change. In: Psychological Review, 84, 1977, S. 191-215

BERENSON, B. G./Mitchell, K. M./Laney, R. C.: Level of therapists functioning, types of confrontation and type of patient. In: Journal clin. Psychol., 24, 1968, S. 111-113

BERGIN, A. E./Garfield, S. L. (Hrsg.): Handbook of psychotherapy and behavior change: An empirical analysis. New York 1971

BERGIN, A. E./Jasper, L.G.: Correlates of empathy in psychotherapy: a replication. In: Journal abnorm. Psychol., 1969, 74, S. 477-481

BERGIN, A. E. /Solomon, S.: Personality and performance correlates of empathic unterstanding in psychotherapy. In: Hart, J. T./Tomlinson, T. M. (Hrsg.): New directions in client centered therapy. Boston 1970, S. 223-236

BINDRA, D./Weeping, A.: A problem of many facets. In: Bulletin of the British Psychological Society, 25, 1972, S. 281-284

BOECK-SINGELMANN, C.: Überprüfung der Auswirkungen und Prozesse personenzentrierter Gesprächstherapie. (DISS) Universität Hamburg, Fachbereich Psychologie 1978

BOMMERT, H.: Einige Gesichtspunkte zur empirischen Erfassung und Bedeutung des Experiencing-Konzepts. In: Jankowski, P./Tscheuling, D./Fietkaus, H./Mann, F. (Hrsg.): Klientenzentrierte Psychotherapie heute. Göttingen 1976, S. 117-126

BOMMERT, H./Dahlhoff, H. D.: Experimentelle Untersuchung zu einer deutschen Fassung der Experiencing-Skala. Unveröffentlichtes Manuskript, 1974, Psychologisches Institut der Universität Münster

BOMMERT, H./Minsel, W.-R./Fittkau, B./Langer, I./Tausch, R.: Empirische Kontrolle der Effekte und Prozesse Klientenzentrierter Gesprächspsychotherapie bei psycho-neurotischen Klienten. Zeitschrift für Klinische Psychologie, 1, 1982, S. 48-63

BRUHN, M.: Kurz- und längerfristige Auswirkungen personenzentrierter Gesprächsgruppen bei Klienten einer Psychotherapeutischen Beratungsstelle. (DISS) Universität Hamburg, Fachbereich Psychologie 1978

BRUHN, M./Schwab, R./Tausch, R.: Die Auswirkungen personenzentrierter Gesprächsgruppen bei seelisch beeinträchtigten Klienten. In: Zeitschrift für Klinische Psychologie, 1980, S. 266-280

CARKHUFF; R. R./Burstein, J. W.: Objektive therapist and client ratings of therapist-offered facilitative conditions of moderate to low functioning therapists. In: Journal of Clinical Psychology, 1969, 25, S. 394-395

DODD, J.: A retrospective analysis of variables related to duration of treatment in a university psychiatric clinic. In: Journal of Nervous and Mental Disease, 151, 1970, S. 75-85

DOLLARD, J./ Miller, N. E.: Personality and psychotherapy: An analysis in terms of lerning, thinking and culture. New York 1950

ECKERT, J./Bolz, W./Pfuhlmann, K.: Überprüfung der Vorhersagbarkeit von psychotherapeutischen Effekten auf Grund der "Ansprechbarkeit" des Klienten bei Gesprächspsychotherapie und psychodynamischer Kurztherapie. In: Zeitschrift für Klinische Psychologie, 8, 1979, S. 169-180

ECKERT, J./Schwarz, H.-J./Tausch, R.: Klienten-Erfahrungen und Zusammenhang mit psychischen Änderungen in personzentrierter Gesprächspsychotherapie. In: Zeitschrift für Klinische Psychologie, 6, 1977, S. 177-184

FEINDT, K.: Überprüfung des Therapieerfolges und Untersuchung von Gesprächspsychotherapien mit Klienten geringer Schulbildung. (DISS) Universität Hamburg, Fachbereich Psychologie 1978

FIEDLER, P./Rogge, K.-E.: Verändern durch Beziehung? Studien über Empathie und Lenkung in der kognitiven Psychotherapie. In: Tschuschke, V./Czogalik, D.: Psychotherapie - welche Effekte verändern? Zur Frage der Wirkmechanismen therapeutischer Prozesse. Berlin 1990, S. 134-154

FISH, J. M.: Empathy and the reported emotional experiences of beginning psychotherapists. In: Journal consult, clin. Psychol., 35, 1970, S. 64-69

FISKE; D. W.,/Goodman, G.: The posttherapy period. In: Journal abnorm. Psychol, 70, 1965, S. 169-179

FOUNDS, M. L./Warehime, R. G.: Effects of a "fake good" response set on a measure of selfactualization. In: Journal counsel. Psychol., 18, 1971, 279-280

FOX, M./Tausch, R.: Wesentliche seelische Qualitäten in Partnerbeziehungen. Eine empirische Prüfung der Theorie zwischenmenschlicher Beziehungen von Carl Rogers. In: Zeitschrift für personzentrierte Psychologie und Psychotherapie, 2, 1983, S. 499-509

GENDLIN, E. T.: Experiencing: A variable in the process of therapeutic change. In: Amer. Journal Psychotherapy, 15, 1961, S. 233-245

GRÄSSNER, D./Heinerth, K.: Eine kommunikationstheoretische Möglichkeit der Operationalisierung der gesprächstherapeutischen Basisvariable "Echtheit" und "Wärme". In Zeitschrift für Klinische Psychologie, 4, 1975, S. 156-163

HELNER, P. A./Jessell, J. C : Effects of interpretation as a counseling technique. In: Journal counsel. Psychol., 21, 1974, S. 475-481

HERMANN, J./Bommert, H./Minsel, W.-R.: Zuverlässigkeit und Validität von Verhaltensmerkmalen bei der Beurteilung schriftlich fixierter Gesprächsausschnitte der Gesprächspsychotherapie. In: Zeitschrift für Klinische Psychologie, 3, 1974, S. 96-106

HOWARD, K. J./Orlinsky, D. E./Hill, J. A.: Affective experience in psychotherapy. In: Journal abnorm. Psychol., 75, 1970, 267-275

HOWE, E. S.: Anxiety-arousal and specificity: Rated correlates of the depth of interpretive statements. In: Journal consult. Psychol., 26, 1962, S. 178-184

JOURARD, S. M. / Jaffe. P. E.: Influence of an interviewer's disclosure on the selfdisclosing behavior of interviewees. In: Journal couns. Psychol., 17, 1970, S. 252-257

KAUFFMANN, P. E./Raimy, V. C.: Two methods of assessing therapeutic progress. In Journal abnorm. soc. Psychol., 44, 1949, S. 379-385

KIRTNER: W. L./Carwright, D. S.: Success and failure in client-centered therapy as a function of client personality variables. In: Journal .consult. Psychol., 22, 1958, S. 259-264

LORR, M.: Client perceptions of therapists. A study of the therapeutic relation. In: Journal consult. Psychol. 29, 1965, S. 146-149

MINSEL, W.-R./BOMMERT, H./BASTINE, R./LANGER, I./ NICKEL, H./TAUSCH, R.: Weitere Untersuchung der Auswirkung und Prozesse Klientenzentrierter Gesprächspsychotherapie. In: Zeitschrift für Klinische Psychologie, 1972, 1, 232-250

MINSEL, W.-R./Langer, I./Peters, U./Tausch, R.: Bedeutsame weitere Variablen des Psychotherapeutenverhaltens. In: Zeitschrift für Klinische Psychologie, 3, 1973, S. 197-210

MINSEL, W.-R./Langer, I.: Forschung in client-centered Gesprächspsychotherapie. In: Baumann, U./Schraml, W.: Forschung in Klinischer Psychologie. Bern 1973

MINSEL, W.-R./Langer, I.: Forschung in client-centered Gesprächspsychotherapie. In: Baumann, U./Schraml, W.: Forschung in Klinischer Psychologie II. Bern 1974, S. 209-244

MURASE, T.: The negative effect of the "focusing" technique. Internat. Conference on client-centered psychotherapy. Leuven 1988

PIERCE, R. M./Zarle, T. H.: Differential referral to significant others as a function of interpersonal effectiveness. In: Journal clin. Psycho., 28, 1972, S. 230-232

POMREHN, G./Tausch, R./Tönnies, S.: Personenzentrierte Gruppenpsychotherapie. Prozesse und Auswirkungen nach 1 Jahr bei 87 Klienten. In: Zeitschrift für Personenzentrierte Psychologie und Psychotherapie, 5, 1986, S. 19-31

ROGERS, C. R.: The neccessary and sufficent conditions of therapeutic personality change. in: Journal of Consulting Psychology 21, 1957, S. 95-103

ROGERS, C. R./Rablen. R. A.: A scale of process in psychotherapy. Mimeo-Manuskript. Univ. Wisconsin 1958

RUDOLF, J.: Psychische Änderungen durch Gesprächspsychotherapie und deren Bedingungen in der Sicht der Klienten. (DISS) Universität Hamburg, Fachbereich Psychologie 1975

RUDOLF, J./LANGER, I./TAUSCH, R.: Prüfung der psychischen Auswirkungen und Bedingungen von personenzentrierter Einzel-Psychotherapie. In: Zeitschrift für Klinische Psychologie, 9, 1980, S. 23-33

SACHSE, R.: Zielorientiertes Handeln in der Gesprächspsychotherapie. Steuerung des Explizierungsprozesses von Klienten durch zentrale Bearbeitungsangebote des Therapeuten. In: Schulte, D.: Therapeutische Entscheidungen. Göttingen 1991, S. 89-106

SACHSE, R.: Gesprächpsychotherapie als "Affektive Psychotherapie". Bericht über ein Forschungsprojekt, 2. Teil. In: GwG Zeitschrift, 84, 1991, S. 32-40

SACHSE, R.: Spezifische Wirkfaktoren in der Klientenzentrierten Psychotherapie. Zur Bedeutung von Bearbeitungsangeboten und Inhaltsbezügen. In: Verhaltensthrapie und psychosoziale Praxis, 23, 1991, S. 157-171

SANDER, K.: Der Einfluß von Persönlichkeits-Ausgangsvariablen des Klienten auf dessen selbstexploratives Verhalten in der Gesprächspsychotherapie. In: Zeitschrift für Klinische Psychologie und Psychotherapie, 21, 1973, S. 40-45

SANDER, K.: Der Einfluß von Persönlichkeits-Ausgangsmerkmalen des Klienten auf den Behandlungserfolg in Klientenzentrierter Gesprächspsychotherapie. In: Zeitschrift für Klinische Psychologie, 3, 1975, S. 137-147

SANDER, K.: Einige Annahmen zum Problem der Determination von Therapieeffekten durch Persönlichkeits-Ausgangsbedingungen des Klienten. In: Jankowski, P./Tscheulin, D./Fietkau, H.-J./ Mann, F. (Hrsg.): Klientenzentrierte Psychotherapie heute. Göttingen 1976, S. 239-246

SANDER, K./Tausch, R./Bastine, R./Nagel, K.: Die Auswirkung experimenteller Änderungen des Psychotherapeutenverhaltens auf Klienten in psychotherapeutischen Gesprächen. In: Zeitschrift für experimentelle und angewandte Psychologie, 16, 1969, S. 334-344

SANDER, K./Langer, I./Bastine, R./Tausch, A./Tausch, R./Wieczerowski, W.: Gesprächspsychotherapie bei 73 psychoneurotischen Klienten mit alternierenden Psychotherapeuten ohne Abwahlmöglichkeit. In: Zeitschrift für Klinische Psychologie und Psychotherapie, 21, 1973, S. 218-229

SANDERS, C.: Effects of relaxation training on client self-disclosure in a therapy setting. (DISS) Kansas City 1979

SCHWARTZ, H.-J.: Zur Prozeßforschung in Klientenzentrierter Psychotherapie. Unveröffentlichte Dissertation, Universität Hamburg 1975

SCHWARTZ, H.-J./ECKERT, J.: Zwei Arbeiten zur Prozeßforschung. Ergebnisse und Implikationen. In: Jankowski, P./Tscheulin, D./Fietkau, H.-J./Mann, F. (Hrsg.). Klientenzentrierte Psychotherapie heute. Göttingen 1976, S. 110-116

SCHWARTZ, H.-J./Eckert, J./BABEL, M./LANGER, I.: Prozeßmerkmale in psychotherapeutischen Anfangsgesprächen: Eine Analyse neuer Merkmalskonzepte in der Gesprächspsychotherapie. In: Zeitschrift für Klinische Psychologie. 7, 1978, S. 65-71

TAUSCH, R.: Variablen und Zusammenhänge in psychologisch-therapeutischen Gesprächen. Bericht über den 25. Kongreß der Deutschen Gesellschaft für Psychologie. Göttingen 1967. In: Zeitschrift für Psychologie 176, 1969, S. 93-101

TAUSCH, R.: Ergebnisse und Prozesse der Klientenzentrierten Gesprächspsychotherapie bei 550 Klienten und 115 Psychotherapeuten. Eine Zusammenfassung des Hamburger Forschungsprojektes. In: Zeitschrift für praktische Psychologie, 13, 1975, S. 293-307

TAUSCH, R./Zehelein, H./Fittkau, B./Minsel, R.: Variablen und Zusammenhänge in psychotherapeutischen Gesprächen. Manuskript 1967

TAUSCH, R./Eppel, H./Fittkau, B./Minsel, R.: Variablen und Zusammenhänge in der Gesprächspsychotherapie. In: Zeitschrift für Psychologie, 176, 1969, S. 93-102

TAUSCH, R.: Geprüfte Annahmen und Prozeßgleichung zur Klientenzentrierten Gesprächspsychotherapie. Bericht über den 27. Kongreß der Deutschen Gesellschaft für Psychologie. Göttingen 1973, S. 172-184

TEEGEN, F.: Überprüfung der Effekte von Gesprächspsychotherapie mit telefonischer Durchführung. (DISS) Universität Hamburg, Fachbereich Psychologie 1975

TOMLINSON, T. M./HART, J. T.: A validation study of the process scale. In: Journal counsult. Psychol., 26, 1962, S. 74-78

TRUAX, Ch. B.: Therapeutic conditions. Psychiatric Institute Bulletin, Univ. Wisconsin, Vol I No. 10, 1961

TRUAX, Ch. B.: A tentative scale for the measurement of unconditional positive regard. Psychiatric Institute Bulletin, Univ. Wisconsin, 1962

TRUAX, Ch. B.: Therapists empathy, warmth, and genuineness and patient personality change in group psychotherapy. A comparison between interaction unit measures, time sample measures, patient perception measures. In: Journal clin Psychol. 22, 1966, S. 225-229

TRUAX, Ch. B.: Effect of client-centered psychotherapy with schizophrenic patients. Nine years pretherapy and nine years posttherapy hospitalization. In: Journal consult. clin. Psychol. 35, 1970, 417-422

TRUAX, Ch. B.: The initial status of the client and the predictability of psychotherapeutic change. Comparative group studies, 2, 1971, S. 3-16

TRUAX, Ch. B.: The meaning and reliability of accurate empathy: A rejoinder. In: Psychological Bulletin, 77, 1972, S. 397-399

TRUAX, Ch. B./Carkhuff, R. R.: Experimental manipulation of therapeutic conditions. In: Journal consult. Psychol. 29, 1972, S. 119-124

TRUAX, Ch. B./Carkhuff, R. R.: Client and therapist transparency in the psychotherapeutic encounter. In: Journal counsel. Psychol., 12, 1965, S. 3-9

TRUAX, Ch. B./Carkhuff, R. R.: Toward effective counseling and psychotherapy: Training and practice. Chicago 1967

TRUAX, Ch. B./Wittmer, J.: The effects of therapist focus on patient anxiety source and the interaction with therapist level of accurate empathy. In: Journal clin. Psychol., 27, 1971, S. 297-299

TSCHEULIN, D.: Wirkfaktoren psychotherapeutischer Intervention. Göttingen 1992

WALKER, A. M./Rablen, R. A./Rogers, C. R.: Development of a scale to measure process changes in psychotherapy. In: Journal clin. Psychol., 16, 1960, S. 79-85

WEINGARTEN, R.: Reformulierung in der Gesprächspsychotherapie. In: Ehlich, K./Körfer, A./Redder, A./Weingarten, R.: Medizinische und therapeutische Kommunikation. Diskursanalytische Untersuchung. Opladen 1990, S. 228-240

WESTERMANN, B./Kremer, J./Tausch, R.: Unterschiedliche Änderungen bei Mitgliedern von personenzentrierten Gesprächsgruppen. Manuskript 1977

WESTERMANN, B./Schwab, R./Tausch, R.: Die Auswirkungen personenzentrierter Gesprächsgruppen bei 150 Klienten einer Psychotherapeutischen Beratungsstelle. In: Zeitschrift für Klinische Psychologie, 9, 1983, S. 241-252

WEXLER, D. A.: A cognitive theory of excperiencing and therapeutic process. In: Wexler, D. A./Rice, L. N. (Hrsg.): Innovations in client-centered therapy. New York 1974, S. 49-116

7.3.2. Spezielle Problemstellungen des Klientenzentrierten Ansatzes

BASTINE, R.: Ansätze zur Formulierung von Interventionsstrategien in der Psychotherapie. In: Jankowski, P./Tscheulin, D./Fietkau, H.-J./Mann, F. (Hrsg.): Klientenzentrierte Psychotherapie heute. Göttingen 1976, S. 193-207

BARTELS-HAMELMANN, M.: Die Verständlichkeit von Informationstexten und ihr Zusammenhang mit personenzentrierten Qualitäten. (DISS) Universität Hamburg, Fachbereich Psychologie, 1984

BECKER, M./Esser, U. (Hrsg.): "Macht Therapie glücklich?" Neue Wege des Erlebens in Klientenzentrierter Psychotherapie. Köln 1991

BIERMANN-RATJEN, E.-M.: Kann eine aus dem personenzentrierten Konzept abgeleitete Entwicklungspsychologie die Empathie des Therapeuten erleichtern? In: Personenzentriert, 1, 1991, S. 17-33

BIERMANN-RATJEN, E.-M.: Die Krankheitslehre der Gesprächspsychotherapie und ihre Anwendung in der Gruppensupervision. In: Behr, M./Esser, U.: "Macht Therapie glücklich?" Neue Wege des Erlebens in Klientenzentrierter Psychotherapie. Köln 1991, S. 101-114

BODNAR, I.: Vortrag anläßlich des überregionalen Ausbildertreffens in Braunschweig. GwG Zeitschrift, 85, 1992, S. 27-30

BOMMERT, H./Dahlhoff, H.-D. (Hrsg.): Das Selbsterleben (Experiencing) in der Psychotherapie. München 1978

BOMMERT, H./Mann, F./Trauß, H.: Zusammenhänge zwischen Erwartungshaltungen und psychischen Veränderungen von Klienten durch Gesprächspsychotherapie. In: Zeitschrift für Klinische Psychologie, 4, 1975, S. 239-249

BRAATEN, L. J.: The movement from non-self to self in client-centered psychotherapy. In: Journal counsel. Psychol., 8, 1961, S. 20-24

BÜRLI, A.: Einige Hauptprobleme der Klientenbeurteilung. In: "Sozialarbeit/Travail Social", Bern, 1, 1972, S. 4-8

CARKHUFF, R. R.: Helping and human relations. Vol. I and IV. New York 1969

CARTWRIGHT, D. S./Lerner, B.: Empathy, need to change, and improvement with psychotherapy. In: Journal consult, Psychol., 27, 1963, S. 138-144

CASPARI, G./Tausch, R.: Echtheit-Fassadenhaftigkeit im Zusammenhang mit seelischer Gesundheit und in Abhängigkeit zur Wahrnehmung des Elternverhaltens. Manuskript 1978

CHINSKY, J. M./Rapaport, J.: Brief critique of the meaning and reliability of "accurate empathy" ratings. In: Psychological Bulletin, 33, 1970, S. 379-382

COLLINGWOOD, T./Hefeler, T./Mühlenberg, N./Drasgow, J.: Toward indentification of the therapeutically faciliatative factor. In: Journal clin. Psychol., 26, 1970, S. 119-120

COLLINGWOOD, T.: The effects of physical training upon behavior and self attitudes. In: Journal clin. Psychol., 28, 1972, S. 583-585

COMBS, A. W./Soper, D. W.: The perceptual organization of effective counselors. In: Journal counsel. Psychol., 10, 1963, S. 222-226

CONKLIN, R. C./Nakoneshny, M.: The influence of counselor empathy, student sex, and grade level on perceived counselor role. In: Canad. Counsellor, 7, 1973, 206-212

CRAMER, D.: Self-esteem, advice-giving, and the facilitativeness nature of close personal relationships. In: Person-centered Rewiew, 2, 1987, S. 99-110

DAHMEN, A./Esser, U./Sander, K./Terjung, B.: Ausbilderausbildung. Fordern und Bewerten - ein lösbarer Widerspruch auch hier. In: GwG Zeitschrift, 79, 1990, S. 124-128

DETER, D./Straumann, U.: Personenzentriert Verstehen - Gesellschaftsbezogen Denken - Verantwortlich Handeln. Theorien, Methodik und Umsetzung in der psychosozialen Praxis. Köln 1990

DIPOL, G.: Integrative Gesprächspsychotherapie. In Fink, S./Teusch, L.: Gesprächspsychotherapie bei Neurosen und psychosomatischen Erkrankungen. Neue Entwicklungen in Theorie und Praxis. Heidelberg 1991, S. 153-162

ECKERT, J.: Prozesse in der Gesprächspsychotherapie. Unveröffentlichte DISS, Universität Hamburg 1974

ECKERT, J: Gesprächspsychotherapie gleich erfolgreiche Fokaltherapie? Mehr als ein Forschungsbericht. In: GwG Zeitschrift, 81, 1991, S. 41-42

FINKE, J.: Die Krankheitslehre der Gesprächspsychotherapie am Beispiel der Depression. In: Finke, J./Teusch, L.: Gesprächspsychotherapie bei Neurosen und psychosomatischen Erkrankungen. Neue Entwicklungen in Theorie und Praxis. Heidelberg 1991, S. 73-82

FINKE, J./Teusch, L. (Hrsg.).: Gesprächspsychotherapie bei Neurosen und psychosomatischen Erkrankungen. Neue Entwicklungen in Theorie und Praxis. Heidelberg 1991

FINKE, J.: Neurosen- und therapietheoretische Aspekte der Gesprächspsychotherapie. In: Finke, J../Teusch, L.: Gesprächspsychotherapie bei Neurosen und psychosomatischen Erkrankungen. Neue Entwicklungen in Theorie und Praxis. Heidelberg 1991, S. 9-23

FITTS, W. H.: Tennessee Self Concept Scale. Nashville 1964

FOULDS, M. L.: Self-actualization and the communication of facilitative conditions during counseling. In: Journal counsel. Psychol., 16, 1969, S. 132-136

FUCHS, M.: "Worte - Worte". Stuttgart 1975

GALLAGHER, J. J.: MMPI changes concomitant with client-centrered therapy. In: Journal abnorm. Psychol., 77, 1971, S. 108-114

GARFIELD, S. L./Bergin, A. E.: Evaluation of outcome in psychotherapy. In: Journal consult, clin. Psychol., 37, 1971, S. 307-313

GENDLIN, E. T.: Experiencing and the creation of meaning. New York 1962

GLADSTEIN, G. A.: Empathy and Counseling. New York 1978

GUTBERLET, M.: Wut, Haß, Aggression in der Gespächspsychotherapie. In: GwG Zeitschrift, 78, 1990. S. 26-30

HAIGH, G.: Defensive behavior in client-centered therapy. In: Journal consult. Psychol. 13, 1949, 181-189

HALKIDES, G.: An experimental study of four conditions necessary for therapeutic change. Doctoral Dissertation, University of Chicago 1958

HART, J. T.: The development of client-centered therapy. In: Hart, J. T./Tomlinson, T. M. (Hrsg.): New directions in client-centered therapy. Boston 1970, S. 3-22

HART, J. T./Tomlinson, T. M. (Hrsg.): New directions in client-centered therapy. Boston 1970

HEINERTH, K./Grässner, D.: Verminderung von Prüfungsangst durch therapeutische Gespräche. In: Zeitschrift Entwicklungspsychologie und Pädagogische Psychologie, 5, 1973, S 62-68

HENNING, H.: Klientenzentrierte Psychotherapie. In: Finke, J./Teusch, L.: Gesprächspsychotherapie bei Neurosen und psychosomatischen Erkrankungen. Neue Entwicklungen in Theorie und Praxis. Heidelberg 1991, S. 179-185

HÖDER, J.: Gesprächspsychotherapie. Was sie kann, wie sie wirkt und wem sie hilft. Mannheim 1992

JACKSON, M./Thompson, Ch. L.: Effective counselor: Characteristics and attitudes. In: Journal counsel. Psychol., 18, 1971, S. 249-254

VAN KESSEL, W. J. H.: Der psychotherapeutische Prozeß. Abriß einer Beschreibung in Interaktionsbegriffen. In: Jankowskis, P./Tscheulin, D./Fietkau, H.-J./Mann, F. (Hrsg.): Klientenzentrierte Psychotherapie heute. Göttingen 1976

KEIL, W.-W.: Theorie und Praxeologie der Klientenzentrierten Psychotherapie. Zum 1. Zyklus der Kompaktseminare der GwG. In: Personenzentriert, 1990, 2, S. 18-23

KERN, D.: Therapie muß glücklich machen (dürfen) - Plädoyer für eine Erweiterung des klientenzentrierten Selbstverständnisses. In: Behr, M. /Esser, U.: "Macht Therapie glücklich?" Neue Wege des Erlebens in Klientenzentrierter Psychotherapie. Köln 1991, S. 217-238

KÖNIG, F.: Die Verbesserung der Problemlösefähigkeit durch gesprächspsychotherapeutische Reduktion internal motivierter Konflikte. In: Jankowski, P./Tscheulin, D./Fietkau, H.-J./ Mann, F. (Hrsg.): Klientenzentrierte Psychotherapie heute. Göttingen 1976, S. 84-97

LEITNER, L. A.: Client self-exploration as a function of reference to significant others. In: Journal clin. Psychol., 1968, 26, S. 339-340

LEWINSOHN, G./ Neirinck, M.: Client and therapist perception of helping processes in client-centered/experiential psychotherapy. In: Person-centered Rewiew, 1, 1986, S. 436-455

LINSTER, H.-W.: Zum Wechselverhältnis von Klientenzentrierter Praxis und Klientenzentriertem Konzept. In: Meyer-Cording G./Speier, G.-W. (Hrsg.): Gesundheit und Krankheit. Theorie, Forschung und Praxis der Klientenzentrierten Gesprächspsychotherapie heute. Köln 1990, S. 54-85

MECHERIL, P.: Wie und worüber wird gesprochen. Entwicklung und Anwendung einer Beschreibungssprache zur Untersuchung psychotherapeutischer Gespräche auf der Ebene thematischer Gesprächseinheiten. (DISS) Münster 1992

MAIER, F./Piontkowski, U.: Gefühlskommunikabilität in therapeutischen Interaktionen. In: Zeitschrift für Klinische Psychologie, 4, 1975, S. 273-286

MEYER-CORDING, G.: Gesundheit und Krankheit. Theorie, Forschung und Praxis der Klientenzentrierten Gesprächpsychotherapie heute. Köln 1990

MINSEL, W.-R.: Indikation und Kontraindikation in der Gesprächspsychotherapie. In: Gesellschaft für wissenschaftliche Gesprächspsychotherapie (Hrsg.): Die Klientenzentrierte Gesprächspsychotherapie. München 1975, S. 181-194

MISCHEL, W.: Introduction to personality. New York 1971

MÜLLER, E.-H.: Mythen über die Gesprächspsychotherapie. In: GwG Zeitschrift, 78, 1990, S. 51-54 (auch in: Brennpunkt, 44, 1990, S. 3-9)

MÜLLER, A.: Gesprächspsychotherapeutische Ansätze in einer kardiologischen Praxis: das anamnestische Gespräch. In: Finke, J./Teusch, L.: Gesprächspsychotherapie bei Neurosen und psychosomatischen Erkrankungen. Neue Entwicklungen in Theorie und Praxis. Heidelberg 1991, S. 227-247

OLSEN, I./Tausch, R.: Nähere Untersuchung einiger komplexer Vorgänge in der Gesprächspsychotherapie. Manuskript 1978

PAULUS, P.: Selbstverwirklichung als psychische Gesundheit. Eine Standortbestimmung. In: Meyer-Cording G./Speier, G.-W. (Hrsg.): Gesundheit und Krankheit. Theorie, Forschung und Praxis der Klientenzentrierten Gesprächspsychotherapie heute. Köln 1990, S. 11-29

PAVEL, F. G.: Die Klientenzentrierte Psychotherapie. Entwicklung - gegenwärtiger Stand - Fallbeispiele. München 1978

PERREZ, N.: Gesprächspsychotherapie als Therapie internal motivierter Konflikte. In: Jankowski, P./Tscheulin, D./Fietkau, H.-J./Mann, F. (Hrsg.). Klientenzentrierte Psychotherapie heute. Göttingen 1976, S. 82-83

PFEIFFER, W-M.: Erlebensaktivierendes Vorgehen in der Gesprächspsychotherapie und seine Erfassung durch die Erlebens-Intensitäts-Skala. In: Jankowski, P./Tscheulin, D./Fietkau, H.-J./ Mann, F. (Hrsg.). Klientenzentrierte Psychotherapie heute. Göttingen 1976, S. 127-134

PFEIFFER, W.-M.: Krankheit und zwischenmenschliche Beziehungen. In: Finke, J./Teusch, L.: Gesprächspsychotherapie bei Neurosen und psychosomatischen Erkrankungen. Neue Entwicklungen in Theorie und Praxis. Heidelberg 1991, S. 25-43

PFEIFFER, W.-M.: 50 Jahre Personenzentrierter Ansatz. Wandlung und Vielfalt. In: GwG Zeitschrift, 81, 1991, S. 17-20 (auch in: Brennpunkt, 46, 1991, S. 42-50)

PIERCE, M./Schauble, P. G.: Graduate training of facilitative counselors. The effects of individual supervision. In: Journal counsel. Psychol., 17, 1970, S. 210-215

PINTER, G.: Das Paradoxon der Non-Direktivität. In: Personenzentrierte Psychologie, 1, 1991, S. 50-60

RAPAPORT, J./Chinsky, J. M.: Accurate empathy. Confusion of a construct. In: Psychological Bulletin, 77, 1972, S. 400-404

REICHERTS, M.: Gesprächspsychotherapeutisch orientierte Intervention. In: Perrec, M./ Baumann, U.: Lehrbuch der klinischen Psychologie, Band 2. Bern 1991, S. 146-160

ROGERS, C. R.: A theory of therapy, personality and interpersonal relationships as developed in client-centered framework. In: Koch, S. (Hrsg.): Psychology. A study of a science. Vol. III New York 1959, S. 184-256

ROGERS, C. R.: The interpersonal relationship. The core of guidance. In: Harward Educational Review, 42, 1962, S 416-429

ROGERS, C. R.: Client-centered therapy. Film Nr. 1. Three approaches to psychotherapy. Santa Ana 1965

ROGERS, C. R.: Carl Rogers on personal power. New York 1977 (Deutsche Ausgabe: Von der Kraft des Guten. München 1978)

ROGERS, C. R.: A Way of Being. Boston 1980 (Deutsche Ausgabe: Der neue Mensch. Stuttgart 1981)

ROGERS, C. R.: Eine Theorie der Psychotherapie, der Persönlichkeit und der zwischenmenschlichen Beziehungen. Köln 1978

ROGERS, C. R.: Freiheit und Engagement, personenzentriertes Lehren und Lernen. München 1984

ROGERS, C. R./Dymond, R. F. (Hrsg.): Psychotherapy and personality change. Chicago 1954

ROGERS, C. R.: Eine neue Definition von Einfühlung. In: Jankowski, P./Tscheulin, D./ Fietkau, H.-J./Mann, F. (Hrsg.): Klientenzentrierte Psychotherapie heute. Göttingen 1976, S. 33-51

SACHSE, R.: Zielorientierte Gesprächspsychotherapie. Eine grundlegende Neukonzeption. Göttingen 1992

SACHSE, R.: Explizierende Psychotherapie: Klären und Verändern eigener Motive, Ziele und affektiver Schemata, Teil I-IV. Universität, Fakultät für Psychologie 1992. Sondersammelgebiet Psychologie an der Universitätsbibliothek Saarbrücken.

SACHSE, R.: Verbesserung von Klientenprozessen durch Verstehen und Intervenieren. Theoretische und praktische Fortschritte in der Gesprächspsychotherapie auf der Basis psychologischer Konzepte. Universität, Fakultät für Psychologie 1992: Berichte aus der Arbeitseinheit Klinische Psychologie, Nr. 81

SACHSE, R.: Zielorientiertes Handeln in der Gesprächspsychotherapie. Zum tatsächlichen und notwendigen Einfluß von Therapeuten auf die Explizierungsprozesse bei Klienten. In: Zeitschrift für Klinische Psychologie, 21, 1992, S. 296-301

SACHSE, R./Maus, C.: Zielorientiertes Handeln in der Gesprächspsychotherapie. Stuttgart 1991

SACHSE, R./Lietar, G./Stiles,W.-B. (Hrsg.): Neue Handlungskonzepte der Klientenzentrierten Psychotherapie. Eine grundlegende Neuorientierung. Heidelberg 1992

SCHÄFER, H.: Erleben und Auswirkungen psychotherapeutischer Einzelgespräche. (DISS) Universität Hamburg, Fachbereich Psychologie 1977

SCHMIDER, D.: Entgegnung auf den Artikel: "Klientenzentrierte multimodale Psychotherapie" von Reinhard Tausch. In: Brennpunkt, 49, 1991, S. 51-52

SCHMITZ-SCHRETZMAIR, R.: Möglichkeiten des Mißbrauchs personenzentrierter Haltungen und Handlungen. Beispiel und Überlegungen zur Verhütung. In: GwG Zeitschrift, 81, 1991, S. 45-48

SCHÖN, H.: Ergebnisse und Prozesse der Gesprächstherapie unter Berücksichtigung des nicht-sprachlichen Psychotherapeutenverhaltens. (DISS) Universität Hamburg, Fachbereich Psychologie 1978

SHEERER, E. T.: An analysis of the relationship between acceptance of and respect for self and acceptance of and respect for others in counseling cases. In: Journal cousult. Psychol., 13, 1949, S. 169-175

STRUPP, H. H.: The performance of psychoanalytic and client-centered therapists in an initial interview. In: Journal consult. Psychol., 22, 1958, 265-274

STRUPP, H. H.: A multidimensional comparison of therapist activity in analytic and client-centered therapy. In: Journal of Counsulting Psychology, 21,1957, 301-308

SWILDENS, H.: Prozeßorientierte Gesprächspsychotherapie. Einführung in eine differenzielle Anwendung des Klientenzentrierten Ansatzes bei der Behandlung psychischer Erkrankungen. Köln 1991

SWILDENS, H.: Phasen und Prozesse gesprächspsychotherapeutischer Neurosenbehandlung. In: Finke, J./Teusch, L.: Gesprächspsychotherapie bei Neurosen und psychosomatischen Erkrankungen. Neue Entwicklungen in Theorie und Praxis. Heidelberg 1991, S. 83-93

TAUSCH, R.: Der Zusammenhang von Emotionen und Kognitionen. Konsequenzen für die personenzentrierte Psychotherapie. In: GwG Zeitschrift 67, 1987, S. 28-34

TAUSCH, R.: Klientenzentrierte multimodale Psychotherapie. In: Zeitschrift für Sozialpsychologie und Gruppendynamik, 15, 1990, S. 28-41

TAUSCH, R.: Klientzentrierte Gesprächspsychotherapie und klientzentriertes Psychotherapieprogramm. Fortschritte in Theorie und Paxis. In: Finke, J./Teusch, L.: Gesprächspsychotherapie bei Neurosen und psychosomatischen Erkrankungen. Neue Entwicklungen in Theorie und Praxis. Heidelberg 1991, S 239-262

TAUSCH, R.: "Ich halte es für vermessen, ein nie endendes Glück zu erwarten." In: Psychologie heute, 18, 1991, S. 32-39

TEUSCH, L.: Diagnostik in der Gesprächspsychotherapie am Beispiel der Angsterkrankungen. In: Finke, J./Teusch, L.: Gesprächspsychotherapie bei Neurosen und psychosomatischen Erkrankungen. Neue Entwicklungen in Theorie und Praxis. Heidelberg 1991, S. 45-57

TEUSCH, L.: Praxis der Gesprächspsychotherapie bei Neurosen, psychosomatischen Erkrankungen und in der psychosomatischen Grundversorgung. In: Finke, J./Teusch, L.: Gesprächspsychotherapie bei Neurosen und psychosomatischen Erkrankungen. Neue Entwicklungen in Theorie und Praxis. Heidelberg 1991, S. 125-139

THETFORD, W. N.: The measurement of physiological responses to frustration before and after nondirective psychotherapy Doctoral Dissertation, Univ. Chicago 1949

TSCHEULIN, D.: Ausbildung in therapeutischem Basisverhalten. Aufbau, Durchführung und Vergleich verschiedener Modelle von Ausbildungskursen in Klientenzentrierter Gesprächspsychotherapie. (DISS) Würzburg 1972

TSCHEULIN, D.: Ein Ansatz zu einer differentiellen Gesprächspsychotherapie als Beitrag zur Theorienbildung in der Klientenzentrierten Psychotherapie. In: Jankowski, P./Tscheulin, D./Fietkau, H.-J./Mann, F. (Hrsg.): Klientenzentrierte Psychotherapie heute. Göttingen 1976, S. 98-109

TUSCH, H.: Selbstentwicklung bzw. Coaching for Manager. Hilfen aus der Gesprächspsychotherapie. In: Personenzentriert, 2, 1991, S. 79-85

WALDDENFELS, B.: Der Kranke als Fremder - Gesprächstherapie zwischen Normalität und Fremdheit. In: Finke, J./Teusch, L. Gesprächspsychotherapie bei Neurosen und psychosomatischen Erkrankungen. Neue Entwicklungen in Theorie und Praxis. Heidelberg 1991, S. 95-123

WALDSCHMIDT, R.: The needs for regard. Doctoral Dissertation, Univ. Chicago 1957

WEXLER, D. A./Rice, L. N. (Hrsg.): Innovations in client-centered therapy. New York 1974

WIENAND-KRANZ, D.: Wesentliche Prozesse in der Gesprächspsychotherapie mit telefonischer Durchführung. (DISS) Universität Hamburg, Fachbereich Psychologie 1977

ZIELKE, M.: Indikation zur Gesprächspsychotherapie. Stuttgart 1979

7.3.3. Klientenzentrierte Literatur für spezielle Klienten-Gruppen

BABELT, I.: Die Klientenzentrierte Gesprächspsychotherapie mit geistig behinderten Erwachsenen. Erfahrungsbericht aus 13 Jahren Tätigkeit im beratenden und therapeutischen Bereich in den Heidelberger Werkstätten für Behinderte der Lebenshilfe e. V. In: Gorres, S./ Hansen, G.: Psychotherapie bei Menschen mit geistiger Behinderung. Eine Einführung für Heil- und Sonderpädagogen, Erzieher und Eltern. Bad Heilbrunn 1991, S. 15-25

BERGEEST, H. G./Steinbach, I./Tausch, A.: Psychische Hilfe für Besucher von Altentagesstätten durch Teilnahme an personenzentrierten Encountergruppen. In: Aktuelle Gerontologie, 7, 1977, S. 305-313

BERGEEST, H. G./Steinbach, I./Tausch, A.: Persönliche Schwierigkeiten alter Menschen. In: Zeitschrift Gerontologie, 11, 1978, S. 270-275

BOMMERT, H./Busen, A./Gogollas, H./Klein, D./Lütkemeier, P./Plessen, U.: Untersuchung zur Förderung lernbehinderter Sonderschüler durch klientenzentrierte Verhaltensmodifikation. In: Psychol. in Erziehung und Unterricht, 22, 1975, S. 129-236

CRAMER, D.: Self-esteem and the facilitativeness of parents and close friends. Person-centered Review, 4, 1989, S. 61-76

DIRKS, P.: Arbeitslose erleben und bewerten personenzentrierte Gesprächsgruppen. (DISS) Universität Hamburg, Fachbereich Psychologie.

DIRKS, P./Grimm, F./Tausch, A./Wittern, O.: Förderung der seelischen Gesundheit von Krebspatienten durch personenzentrierte Gruppengespräche. In: Zeitschrift für Klinische Psychologie, 9, 1990, S. 241-252

DOLL, G./ Feindt, K./ Kühne, A./ Langer, I./ Sternberg, W./ Tausch, A.: Klientenzentrierte Gespräche mit Insassen eines Gefängnisses über Telefon. In: Zeitschrift für Klinische Psychologie, 3, 1974, S. 39-56

FOX, M.: Personzentrierte Qualitäten in der Partnerschaft. (DISS) Frankfurt 1987

FRANZEN, U./Merz, F.: Einfluß des Verbalisierens auf die Leistung bei Intelligenzprüfungen. Neue Untersuchungen. In: Zeitschrift Entwicklungspsychologie und Pädagogische Psychologie, 8, 1976, S. 117-134

GRIMM, F.: Konstruktive Auswirkungen personzentrierter Gesprächsgruppen mit Arbeitslosen. (DISS) Universität Hamburg, Fachbereich Psychologie

HÄFELI, R./Adoriani, K.: Kombinierte Familien- und Gesprächspsychotherapie. Erfolgreiche Krisenintervention - erfolglose Therapie? In: Brennpunkt, 44, 1990, S. 19-28

HIRSCH, R.-D.: Psychotherapie im Alter. Bern 1990

HÜSLER, G.: Therapie HIV-Infizierter und AIDS-Erkrankter. In: Brennpunkt, 47, 1991, S. 37-45

KEMPER, F.: Es ist angerichtet - personenzentrierte Kinder- und Jugendlichenpsychotherapie auf Weiterbildungspfaden. In: GwG Zeitschrift, 79, 1990, S. 131-134

KÖLLNER, E.: Homosexuelle Sozialisation und Gay Counselling. Coming Out und Homosexuelle Sozialisation bei männlichen Homosexuellen unter besonderer Akzentuierung von Reifegradpräferenz und Interpersonaler Attraktion. Eine sexualwissenschaftliche Studie mit sozialpädagogischer Reflexion. (DISS) Münster 1990

KÖLLNER, E.: Schwul und Selbstbewußt. Ein Programm fürs Coming Out (Selbsterfahrungsprogramm, Partnertraining, Selbstsicherheitstraining). Reinbek 1994

LINSTER, H.-W.: Gesprächpsychotherapie mit älteren Menschen. In: Zeitschrift für Gerontopsychologie und -psychiatrie, 3, 1990, S. 144-153

LOHMANN, M./TAUSCH, A./Langer, L./Tausch, R.: Die Vorstellung des eigenen Sterbens im entspannten Zustand und personenzentrierte Gespräche. In: Zeitschrift für Personenzentrierte Psychologie und Psychotherapie, 6, 1987, S. 59-71

MOSHAGEN, D.-H.: Gesprächspsychotherapie bei schwer gestörten Neurosekranken mit geringer Änderungsbereitschaft und hoher Konfliktabwehr in einer Psychiatrischen Landesklinik. In: Finke, J./Teusch, L.: Gesprächspsychotherapie bei Neurosen und psychosomatischen Erkrankungen. Neue Entwicklungen in Theorie und Praxis. Heidelberg 1991, S. 141-151

PIXA-KETNER, U./Ahrbeck, B./Scheibel, B./Tausch, A.: Personenzentrierte Einzel- und Gruppengespräche mit psychisch beeinträchtigen Hauptschülern aus 5. und 6. Klassen. In: Zeitschrift für Klinische Psychologie, 7, 1978, S. 28-40

PLOG, U./Grawe, K.: Zur differentiellen Indikation von Gesprächspsychotherapie und Verhaltenstherapie bei Patienten mit schweren Phobien. In: Jankowski, P./Tscheulin, D./Fietkau, H.-J./Mann, F. (Hrsg.). Klientenzentrierte Psychotherapie heute. Göttingen 1976, S. 225-236

QUITMANN, H./Tausch, A.-M./Tausch, R.: Selbstkommunikation von Jugendlichen und ihren Eltern. Zusammenhang mit Psychoneurotizismus und elterlichem Erziehungsverhalten. In: Zeitschrift für Klinische Psychologie 3, 1974, S. 193-204

RIPKE, T.: Konkrete Veränderungsmöglichkeiten der ärztlichen Gesprächsführung. In: Finke, J./Teusch, L.: Gesprächspsychotherapie bei Neurosen und psychosomatischen Erkrankungen. Neue Entwicklungen in Theorie und Praxis. Heidelberg 1991, S. 217-225

ROHNER, H.-K.: Lebensberatung im Beobachter. In: Brennpunkt, 42,1990, S. 19-21

RÖNNECKE, B./Becker, M./Bergeest, H. G./Freytag, C./Jürgens, G./Steinbach, I./Tausch, A.: Gespräche über Telefon zwischen alten Menschen und gesprächspsychotherapeutisch vorgebildeten Psychologen oder Laienhelfern. In: Zeitschrift Gerontologie, 9, 1976, S. 455-462

ROGERS, C. R.: Freedom to learn. Ohio 1969. (Deutsche Ausgabe: Lernen in Freiheit. München 1974)

ROGERS, C. R./Gendling, E. T./Kiesler, D. J./Truax, Ch. B.: The therapeutic relationship and its impact. A study of psychotherapy with schizophrenics. Madison 1967

SACHSE, R.: Probleme und Potentiale in der gesprächspsychotherapeutischen Behandlung psychosomatischer Klienten. In: Finke, J./Teusch, L.: Gesprächspsychotherapie bei Neurosen und psychosomatischen Erkrankungen. Neue Entwicklungen in Theorie und Praxis. Heidelberg 1991, S. 197-215

TAUSCH, A.: Ausmaß und Änderung des Merkmals Verständnis im Sprachverhalten von Erziehern und Zusammenhänge mit seelischen Vorgängen in Kindern. In: Zeitschrift für experimentelle und angewandte Psychologie, 10, 1963, S. 514-539

TAUSCH, A./Wittern, O./Albus, J.: Erzieher-Kind-Interaktionen in einer Vorschul-Lernsituation im Kindergarten. In: Psychologie in Erziehung und Unterricht, 20, 1973, S. 77-88

TAUSCH, A.: Gespräche gegen die Angst. Reinbek 1981

TAUSCH, A./Tausch, R.: Sanftes Sterben. 1985

TAUSCH, C.: Erleben und Auswirkungen personenzentrierter Gesprächsgruppen bei Lehrern, erfaßt in Nachbefragungsinterviews. Diplomarbeit, Universität Hamburg, Fachbereich Psychologie 1978

TAUSCH, R./ Kühne, A./ Langer, I./ Lück, U.: Merkmalszusammenhänge bei hilfreichen Gesprächen von Psychologen und Erziehern mit Jugendlichen. In: Zeitschrift für Entwicklungspsychologie und Pädagogische Psychologie, 3, 1971, 121-135

TAUSCH, C./Langer, I./Bergeest, J. G.: Personenzentrierte Gruppengespräche bei Paaren mit Partnerschwierigkeiten. In: Zeitschrift für Personenzentrierte Psychologie und Psychotherapie 4, 1984, S. 489-497

TAUSCH, D.: Die Vorstellung des möglichen Sterbens einer nahestehenden Person, eine empirische Untersuchung einer psychotherapeutischen Möglichkeit. Frankfurt 1987

TAUSCH, R.: Lebensschritte: Umgang mit belastenden Gefühlen. Reinbek 1989

TAUSCH, R. und Tausch, A.-M.: Reise zum unbekannten Ich. Eine personenzentrierte Gesprächsgruppe im Südwest-Fernsehen am 12.3.1976. Ausleihe Bundesinstitut für den wissenschaftlichen Film Göttingen. 1977

TAUSCH, R. und Tausch, A.-M.: Auf dem Weg zueinander. Drei personenzentrierte Gesprächsgruppen im Südwest-Fernsehen vom 11.3.1977, 10.6.1977 und 18.11.1977. Ausleihe in Vorbereitung, Bundesinstitut für den wissenschaftlichen Film. Göttingen 1977

TAUSCH, R. und Tausch, A.-M.: Auf dem Wege zueinander. Vier personenzentrierte Gesprächsgruppen im Südwest-Fernsehen vom 4.2.1978, 1.4.1978, 27.5.1978, 30.10.1978. Ausleihe in Vorbereitung. Bundesinstitut für den wissenschaftlichen Film Göttingen 1978

THIEL, G./Steinbach, I./Tausch, A.: Schüler führen hilfreiche Gespräche mit Schülern. In: Psychologie in Erziehung und Unterricht, 25, 1978, S. 75-81

TÖNNIES, S./Hass-Schmid, R./Sinner, F.: Eine Gesprächsgruppe in der Erfahrung von Fernsehzuschauern. Manuskript 1978

TÖNNIES, S./Tausch, R.: Dimensionen des Elternverhaltens und seelische Funktionsfähigkeit ihrer Kinder im Erwachsenenalter. Manuskript 1978

WAGGENER, R. R.: The effects of a structured group experience on teachers' empathy, regard, and genuineness in the classroom. Dissertation, University of Illinois 1971

WIJNGAARDEN, H.-R.: Traum, geführter Tagtraum und aktive Imagination in der Klientenzentrierten Psychotherapie. In: Finke, J./Teusch, L.: Gesprächspsychotherapie bei Neurosen und psychosomatischen Erkrankungen. Neue Entwicklungen in Theorie und Praxis. Heidelberg 1991, S. 187-195

WITTERN, O./Tausch, A.: Auswirkungen personenzentrierter Gesprächsgruppen auf die Person und das Unterrichtsverhalten von Lehrern. Bericht über den 31. Kongreß der Deutschen Gesellschaft für Psychologie. Göttingen 1978

7.3.4. Psychotherapie und Psychopathologie

AHMANN, U./Bormann, M./Bräcker, S./Fisch, U./Nikolaus, A./Solomon-Scheuermann, I. / Sonntag, U./Vogt, I.: Sexuelle Übergriffe in der Therapie. Kunstfehler oder Kavaliersdelikt? Dokumentation des öffentlichen Hearings am 19. Januar 1991 in Bonn. Deutsche Gesellschaft für Verhaltenstherapie 1991, Tübinger Reihe, Nr. 12

AMBÜHL, H. und Grawe, K.: Die Wirkungen von Psychotherapien als Ergebnis der Wechselwirkung zwischen therapeutischem Angebot und Aufnahmebereitschaft der Klient/Innen. In: Zeitschrift für Klinische Psychologie, Psychopathologie und Psychotherapie, 36, 1988, S. 308-327

ANONYMUS: Psychotherapie-Gesetz - Die unendliche Geschichte. In: Psychologie heute, 13, 1991, S. 46-51

BARRETT-LENNARD, G. T.: Dimensions of therapist response as causal factors in therapeutic change. In: Psychol. Monographs, 76, 1962, Whole No. 562

BEIER, E.: The silent language of psychotherapy. Chicago ^{2}1968

BERGOLD, J. B.: Forschung in der Verhaltenstherapie. In: Schraml, W. J./Baumann U (Hrsg.): Klinische Psychologie II. Bern 1974

BLASER, A.: Der Urteilsprozeß bei der Indikationsstellung zur Psychotherapie. Bern 1977

BRAUN, P./Tittelbach, E.: Verhaltenstherapie. In: Pongratz, L. J. (Hrsg.): Handbuch der Psychologie, Band 8. Göttingen 1978, S. 1955-2081

BRENNER, H./Böker, W. (Hrsg.): Schizophrenia as a systems disorder. In: British Journal of Psychiatry, Supplementum 5, Vol 155, 1989

CARRINGTON, P.: Das große Buch der Meditation. München 1983

CARTWRIGHT, D. S./Kirtner, W. L./Fiske, D. W.: Method factors in changes associated with psychotherapy. In: Journal abnorm. soc. Psychol., 66, 1963, S. 164-175

COOPER, K. H.: Bewegungstraining. Frankfurt ^{7}1974

EBERHARD, K.: Möglichkeiten und Grenzen der therapeutischen Ausbildung in den Fachhochschulen für Sozialarbeit / Sozialpädagogik. In: Hoffmann, D. (Hrsg.): Therapeutische Methoden in der Sozialarbeit. Salzburg 1977, S. 173-189

ECKERT, J./Biermann-Ratjen, E.-M./Speidel, H.: Der Bedarf poliklinischer Institutionen aus der Sicht klinisch tätiger Psychiater. In: Therapiewoche, 27, 1977, S. 3567-3574

EGGERT, D.: Untersuchungen zur psychometrischen Eignung eines neuen Fragebogens der neurotischen Tendenz und der Extraversion von Eysenck (EPI). In: Praxis der Klinischen Psychologie, 2, 1971, S. 30-62

ECKERT, J./Biermann-Ratjen, E.-M./Blonski, D./Peters, W.: Zur Prädikation der Effekte einer Gesprächspsychotherapie anhand eines Indikations-Interviews. In: Zeitschrift für Klinische Psychologie, 27, 1979, S. 22-29

EHLICH, K./Körfer, A./Redder, A./Weingarten, R. (Hrsg.): Medizinische und therapeutische Kommunikation. Diskursanalytische Untersuchungen. Opladen 1990

EICHER, W.: Anorgasmie der Frau. Differentialdiagnose und Therapie. In: Sexualmedizin, 20, 1991, S. 387-392

EYSENCK, H.-J./Rachman, S.: Neurosen: Ursachen und Heilmethoden. Berlin 1967

FERNBACH, R.: Authoritarianism: A selection variable for psychotherapy. In: Journal counsel. Psychol., 20, 1973, 69-72

FIETKAU, H.-J.: Die Einstellung in der Psychotherapie. Salzburg 1977

FINKE, J.: Can psychotherapeutic competence be taught? In: Psychotherapy and Psychosomatics, 53, 1990, 64-67

FRANK, J. D./Gliedman, L. H./Imber, E. D./Nash, E. H./Stone, A. R.: Why patients leave psychotherapy. In: Archives of Neurology and Psychiatry, 77, 1957, S. 283-299

FRANZKE, E.: Zuviel des Guten, zu wenig des Nötigen? Balance von Ich-Stärkung und Ich-Stützung in der Psychotherapie. Bern 1991

FREUD, S.: Ratschläge für den Arzt in der psychoanalytischen Behandlung. In: Freud, A./ Bibring, E./Hoffer, W./Kris, E./Isakower, O. (Hrsg.): Sigmund Freud: Gesammelte Werke VIII. Frankfurt ^{5}1969

FRIELINGSDORF-APPELT, C.: Zu den Verhandlungen mit der Kassenärztlichen Bundesvereinigung über die Anerkennung der Gesprächspsychotherapie (GPT) als Psychotherapie-Richtlinien-Verfahren gemäß Abschnitt BI./3. In: GwG Zeitschrift, 85, 1992, S. 9-11

FROHBURG, I.: 20 Jahre Gesprächspsychotherapie in der DDR. In: GwG Zeitschrift, 80, 1990, S. 215-222

GÖRRES, S./Hansen, G. (Hrsg.): Psychotherapie bei Menschen mit geistiger Behinderung. Eine Einführung für Heil- und Sonderpädagogen, Erzieher und Eltern. Bad Heilbrunn 1991

GOLIGHTLY, C. C.: The reinforcement properties of attitude similarity-dissimilarity Unpublished doctoral dissertation, University of Texas 1965

GOLDSTEIN, A. P.: Psychotherapeutic attraction. New York 1972

GRAWE, K.: Differentielle Psychotherapie. Bern 1976

GRAWE, K.: Indikation in der Psychotherapie. In: Pongratz, L. J. (Hrsg.): Handbuch der Psychologie, Band 8. Göttingen 1978, S. 1949-1983

GRAWE, K./Caspar, F./Ambühl, H.: Die Berner Therapievergleichsstudie. Fragestellung und Versuchsplan. In: Zeitschrift für Klinische Psychologie, 19, 1990, S. 294-315

GRAWE, K./Caspar, F./Ambühl, H.: Die Berner Therapievergleichsstudie. Prozeßvergleich. In: Zeitschrift für Klinische Psychologie, 10, 1990, S. 316-337

GRUNWALD, W.: Psychotherapie und experimentelle Konfliktforschung. München 1976

HÄFNER, H.: Determinanten psychischer Gesundheit und Krankheit. In: Bericht über den 35. Kongreß der Deutschen Gesellschaft für Psychologie. Herausgegeben von M. Amelang, Band 2. Göttingen 1987, S. 375-385

HAGGARD, E. A.: Some factors determining adjustement during readjustment following experimentally induced stress. In: Journal exper. Psychol., 33, 1943, S. 257-284

HEIGEL, F.: Indikation und Prognose. In: Psychoanalyse und Psychotherapie. Göttingen 1978

HELM, J.: Psychotherapeutische Gespräche als Gegenstand der Forschung. In: Helm, J. (Hrsg.): Psychotherapieforschung. Berlin 1972

HÖGER, D.: Zur Bedeutung der Ethnologie für die Psychotherapie. Aspekte der Aktualisierungstendenz und der Bildungstheorie. In: Meyer-Cording G. /Speier, G.-W. (Hrsg.): Gesundheit und Krankheit. Theorie, Forschung und Praxis der Klientenzentrierten Gesprächspsychotherapie heute. Köln 1990, S. 30-53

JACOBSON, W.: Progressive Relaxation. Chicago 1938

KEIL, W.-W.: Konsequenzen aus dem Psychotherapiegesetz für die OeGwG. Statement beim Mitgliedertreffen 4.-5. Mai 1990 in Linz. In: Personenzentriert, 2, 1990, S. 14-17

KEUPP, H. (Hrsg.): Der Krankheitsmythos in der Psychopathologie. München 1972

KEUPP, H./Bergold, J. B.: Probleme der Macht in der Psychotherapie. In: Bachmann, C. H.: (Hrsg.): Psychoanalyse und Verhaltenstherapie. Frankfurt 1972

KIERLHOLZ, P.: Depression als Selbstheilungsmechanismus. Psychologie heute, 1, 1988, S. 29-31

KIERNAN, Th.: Psychotherapie Kritischer Führer durch Theorien und Praktiken. Frankfurt. 1976

KIESLER, D. J.: A grid model for theory and research in the psychotherapies. In: Eron, L. D./Callahan, R. (Hrsg.): The relation of theory to practice in psychotherapy. Chicago 1969, S. 115-145

KIESLER, D. J.: Die Mythen der Psychotherapieforschung und ein Ansatz für ein neues Forschungsparadigma. In: Petermann, F. (Hrsg.): Psychotherapieforschung. Weinheim 1977, S. 7-50

KIESLER, D. J.: Patient experiencing and successful outcome in individual psychotherapy of schizophrenics and psychoneurotics. In: Journal consult. clin. Psychol., 37, 1971, S. 370-385

LAZARUS, R. S./Folkman, S.: Stress, Appraisal and Coping. New York 1984

LEUNER, H.: Zur Stellung des Katathymen Bilderlebens im Rahmen psychotherapeutischer Verfahren. In: Leuner, H. / Horn, G./ Klessmann, E. (Hrsg.): Katathymes Bilderleben mit Kindern und Jugendlichen. München 1990, S. 11-14

LEWINSOHN, P./ GRAF, M.: Pleasant activities and depression. In: Journal consult. clin. Psychol., 41, 1973, S. 261-268

LEWINSOHN, P./ Hobermann, H./ Teri, L./ Hautzinger, M.: An Integrative Theory of Depression. In: Reiss, S./ Bootzin, R. (Hrsg.): Theoretical Issues in Behavior Therapy. New York 1985

LONDON, P.: The end of ideology in behavior modification. In: American Psychologist, 27, 1972, S. 913-920

LUBORSKY, L. /Singer, B. /Luborsky, S.: Comparative studies of psychotherapy. In: Archives of General Psychiatry, 32, 1975, S. 995-1008

MATARAZZO, J. D.: The interview. In: Wolman, B. B. (Hrsg.): Handbook of clinical psychology. New York 1965, S. 403-450

MELTZOFF, J./Kornreich, M.: Research in psychotherapy. New York 1970

MURPHY, P./Cramer, D./Lillie, F.: The relationship between curative factor perceived by patients in their psychotherapy and treatment outcome. In: British Journal of Medical Psychology, 57, 1984, S. 187-192

PLÖHN, S./Berbalk, H./Tausch, R.: Ein kombiniertes Therapieangebot bei 75 Klienten mit seelischen Beeinträchtigungen. Manuskript

PLOG, U.: Differentielle Psychotherapie II. Bern 1976

RASKIN, N. J.: Studies of psychotherapeutic orientation: Ideology and practice. In: American Academy of Psychotherapists. Orlando 1974, 1, S. 5-33

REISCH, E.: Klientenzentrierte Gesprächspsychotherapie in der Psychosomatik. In: GwG Zeitschrift, 82, 1991, S. 21-24

RELLECKE, E.-M.: Diskursanalyse und Psychotherapie. In: Ehlich, K./Körfer, A./Redder, A./Weingarten, R.: Medizinische und therapeutische Kommunikation. Diskursanalytische Untersuchung. Opladen 1990, S. 182-187

RIEDEL, H./Schneider-Dücker, M.: Kontextbedingungen "kontrollierter" und "unkontrollierter" Psychotherapieforschung. In: Psychologische Rundschau, 42, 1991, S. 19-28

RYAN, V. L./GIZYNSKI, M. N.: Behavior therapy in retrospect: patients's feelings about their behavior therapies. In: Jorunal counsult. clin Psychol., 37, 1971, S. 1-9

SACHSE, R.: Dialog zwischen Expertinnen oder das Ergänzungsverhältnis von Verhaltenstherapie, Kognitiver Therapie und Gesprächspsychotherapie. In: Verhaltenstherapie und psychosoziale Praxis, 22, 1990, S. 167-198

SACHSE, R./Atrops, A./Wilke, F./Maus, C.: Focusing. Ein emotionszentriertes Psychotherapie-Verfahren. Bern 1992

SCHULTE, D. (Hrsg.): Therapeutische Entscheidungen. Göttingen. 1991

SCHULTZ: J. H.: Das autogene Training. Stuttgart 1950

SEIDENSTÜCKER, G./Baumann, U.: Zur Situation der Indikationsforschung. Kongreßvortrag: 31. Kongreß der Deutschen Gesellschaft für Psychologie. Mannheim 1978

SHAPIRO, J. G.: Relationship between visual and auditory cues of therapeutic effectiveness. In: Journal of Clinical Psychology, 24, 1968, S. 236-329

SHOBEN, E. J.: Psychotherapy as a problem in learning theory. In: Psychological Bulletin, 46, 1949, S. 366-392

SHOSROM, E.: Personal Orientation Inventory POI. San Diego 1966

STIEPER, D. R./Wiener, D. N.: The problem of interminability in outpatient psychotherapy. In: Journal counsult. Psychol., 23, 1959, S. 237-242

STRUPP, H. H./Wallach, M. S./Wogan, M.: Psychotherapy experience in retrospect Questionnaire survey of former patients and their therapists. In: Psychological Monography 78, 1964, Whole No. 588

STUHR, K./Deneke, F. W.: Probleme der Prädiktion und als Konsequenz ein Einzelfallorientierter Ansatz. Kongreßvortrag: 31. Kongreß der Deutschen Gesellschaft für Psychologie. Mannheim 1978

STUHR, U./Wirth, U.: Die Bedeutung des Therapeuten als inneres Objekt des Patienten. In: Tschuschke, V./Cozogalik, D.: Psychotherapie - Welche Effekte verändern? Zur Frage der Wirkmechanismen therapeutischer Prozesse. Berlin 1990

SUNDLAND, D. M./Barker, E. N.: The orientations of psychotherapists. In: Journal consult. Pschol., 26, 1962, S. 201-212

THOMAS, B.-A.: Gruppen-Gesprächstherapie in der Versorgung psychisch Kranker. In: Finke, J./Teusch, L.: Gesprächspsychotherapie bei Neurosen und psychosomatischen Erkrankungen. Neue Entwicklungen in Theorie und Praxis. Heidelberg 1991, S. 163-177

TOMAN, W.: Ziele der Psychotherapie. In: Pongratz, L. J. (Hrsg.): Handbuch der Psychologie, Band 8. Göttingen 1978

WILD-MISSONG, A./Teuwsen, E. (Hrsg.): Psychotherapeutische Schulen im Gespräch miteinander. Salzburg 1977

WOLPE, J.: Psychotherapy by reciprocal inhibition. Stanford 1958

WORCHEL, R.: Catharsis and the relief of hostility. In: Journal abnorm. soc. Psychol. 55, 1957, S. 238-243

WURTHMANN, C./Klieser, E.: Möglichkeiten der Therapie von Angststörungen. In: Fortschritte der Neurologie, Psychiatrie, 60, 1992, S. 91-103

ZIMMER, J. M./ Hakstian, A. R./ Newby, J. F.: Dimensions of counselee responses over several therapy sessions. In: Journal counsel. Psychol., 19, 1972, S. 448-454

7.3.5. Gruppendynamik und Gruppentherapie

BROCHER, T.: Gruppendynamik und Erwachsenenbildung. Braunschweig 1967

COHN, R.: Das Thema als Mittelpunkt interaktioneller Gruppen. In: Gruppenpsychotherapie und Gruppendynamik, 3, 1970, S. 134-147

COHN, R.: Die Selbsterfahrung: Autismus oder Autonomie? Zur Grundlage des themenzentrierten interaktionellen System. In: Gruppenpsychotherapie und Gruppendynamik, 3, 1974, S. 162-178

COHN, R.: Von der Psychoanalyse zur themenzentrierten Interaktion. Stuttgart 1975

DICKENSON, W. A./ Truax, Ch. B: Group counseling with college underachievers: Comparison with a control group and relationship to empathy, warmth, and genuineness. Mimeo-Manuscr. 1966

DIES, R. R.: Group therapist self-disclosure. In: Journal counsel. Psychol., 20, 1973, S. 344-348

DIES, R. R./Sadowsky. R.: A brief encounter group experience and social ralationships in a dormitory. In: Journal counsel. Psychol., 21, 1974, S. 112-115

ENDS, E. J./Page, C. W.: Group psychotherapy and concomitant psychological change. In: Psychol. Monographs, 73, 1959, S. 1-31

ERL, W.: Gruppenpädagogik in der Praxis. Tübingen 1969

ERL, W.: Methoden moderner Jugendarbeit. Tübingen 1969

KREMER, J./Tausch, R.: Kurz- und längerfristige Auswirkungen bei Teilnehmern personenzentrierter Gesprächsgruppen. Manuskript 1978

MEADOR, B. D.: Individual process in a basic encounter group. In: Journal counsel. Psychol., 18, 1981, S 70-76

MEYER, E.: Gruppenunterricht. Worms 1957

POLLACK, B. B.: Change in homogeneous and heterogeneous sensitivity training groups. In: Journal consult. clin. Psychol., 37, 1971, S. 60-66

PÖGGELER; F.: Methoden der Erwachsenenbildung. Freiburg 1964

ROGERS, C. R.: Carl Rogers on encounter groups. New York 1970 (Deutsche Ausgabe: Encounter Gruppen. München 1974)

STOLLBERG, D.: Seelsorge durch die Gruppe. Göttingen 1971

TRUAX, Ch. B./Carkhuff, R. R./Kodman, F.: Relationships between therapist offered conditions and patient change in group psychotherapy. In: Journal clin. Psychol., 21, 1965, S. 327-329

TRUAX, Ch. B./Schuldt, W. J./Wargo, D. G.: Self-ideal concept congruence and improvement in group psychotherapy. In: Journal consult. clin. Pschol., 32, 1968, S. 47-53

TRUAX, Ch. B./Wargo, D. G./Silber, L. D.: Effects of group psychotherapy with high accurate empathy and nonpossessive warmth upon female institutionalized delinquents. In: Journal abnorm. Psychol., 71, 1966, S. 267-274

7.3.6. Weitere Spezialliteratur zum Klientenzentrierten Ansatz

BAYER, G.: Methodische Probleme der Verhaltenstherapieforschung. In: Kraiker, Ch. (Hrsg.): Handbuch der Verhaltenstherapie. München 1974

BERNSTEIN, B.: Soziale Struktur, Sozialisation und Sprachverhalten. Amsterdam 1970

BERNSTEIN, B.: Lernen und soziale Struktur. Amsterdam 1970

BISCHOFBERGER, A.: Die Führung der SGGT als Beispiel angewandter Organisationsentwicklung. In: Brennpunkt, 51, 1992, S. 4-9

BLANCK, G./Blanck, R.: Angewandte Ich-Psychologie. Stuttgart 1978

DANNECKER, M./Reiche, R.: Der gewöhnliche Homosexuelle. Frankfurt 1974

HOPPE, F.: Erfolg und Mißerfolg Berlin 1931

HECKHAUSEN, H.: Motivationsanalyse der Anspruchsniveau-Setzung. München 1955

HOFSTÄTTER, P. R.: Psychologie. Frankfurt 1972

HORN, W.: Leistungsprüfsystem (LPS). Handanweisung. Göttingen 1962

JACOBI, J. R./Bastine, R.: Sozio-psychologische Erklärungsmodelle. In: Hornstein, W. / Bastine, R./Junker, H./Wulf, Ch. (Hrsg.): Beratung in der Erziehung (Funkkolleg). Frankfurt 1977, S. 115-142

KLUGE, F.: Etymologisches Wörterbuch der Deutschen Sprache. Berlin [11]1975

KORSCHORKE, M.: Unterschichten und Beratung. In: Wege zum Menschen, 1973, 4, S. 129-163

LAWTON, D.: Soziale Klasse, Sprache und Erziehung. Düsseldorf 1971

MASTERS, W./Johnson, V. E.: Homosexualität. Berlin 1979

MEYER, A. E.: Laudatio für Carl Ransom Rogers. In: GwG Zeitschrift, 81, 1991, S. 53-55

NIEPOLD, W.: Sprache und soziale Schicht. Berlin 1971

PERREC, M./Baumann, U.: Lehrbuch der Klinischen Psychologie. Band 1 und 2. Bern 1991

PONGRATZ, L. J.: Lehrbuch der Klinischen Psychologie. Göttingen 1973

SCHRAML, W. J.: Abriß der Klinischen Psychologie. Stuttgart 1969

SCHWEIZERISCHE GESELLSCHAFT für Gesprächspsychotherapie und personenzentrierte Beratung: Mitgliederverzeichnis, Stand September 1991. In: Brennpunkt, 49, 1991, S. 1-11

STENDENBACH, F. J.: Soziale Interaktion und Lernprozesse. Köln 1963

TAUSCH, R. und Tausch, A.-M.: Erziehungspsychologie. Begegnung von Person zu Person.. Göttingen ^{8}1977

TAUSCH, R. und Tausch, A.-M.: Erziehungspsychologie. Göttingen ^{9}1979

TAUSCH, R./Sander, K./Bastine, R./Freise, H./Nagel, K.: Variablen und Ergebnisse bei client-centered Psychotherapie mit alternierenden Psychotherapeuten. In: Psychologische Rundschau, 21, 1970, S. 29-38

TEIGELER, P.: Verständlichkeit und Wirksamkeit von Sprache und Text. In: Schriftenreihe "Effektive Werbung". Stuttgart 1968

VAN DER VEEN, F.: Effects of the therapist and the patient on each other behavior. In : Journal consult. Pschol., 29, 1965, S. 19-26

VOLKSHOCHSCHULE: Handbuch für die Praxis der Leiter und Mitarbeiter. Frankfurt 1968

WATZLAWICK, P./Beavin, J. H./Jackson. D.: Menschliche Kommunikation. Bern 1969

Mc WHIRTER, D. P./Mattison, A. M.: Männerpaare. Berlin 1986